Impressum
Verlag: BABADADA GmbH, Nedderfeld 112 , 22529 Hamburg
Geschäftsführer / Verlagsleitung: Harald Hof
Druck: Books on Demand GmbH, In de Tarpen 42, 22848 Norderstedt

Imprint
Publisher: BABADADA GmbH, Nedderfeld 112 , 22529 Hamburg, Germany
Managing Director / Publishing direction: Harald Hof
Print: Books on Demand GmbH, In de Tarpen 42, 22848 Norderstedt

# de school
# σχολείο

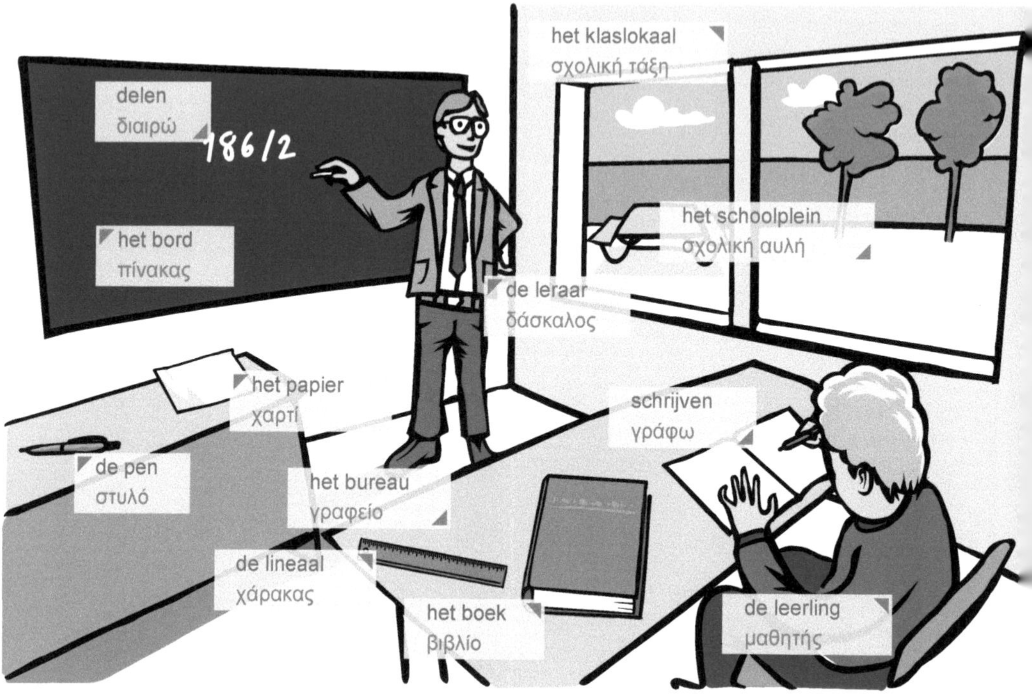
het klaslokaal
σχολική τάξη
delen
διαιρώ
186/2
het schoolplein
σχολική αυλή
het bord
πίνακας
de leraar
δάσκαλος
het papier
χαρτί
schrijven
γράφω
de pen
στυλό
het bureau
γραφείο
de lineaal
χάρακας
het boek
βιβλίο
de leerling
μαθητής

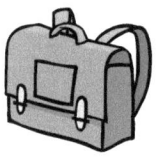

de schooltas
σχολική τσάντα

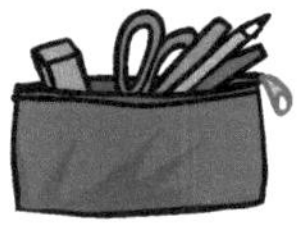

de etui
κασετίνα/ μολυβοθήκη

het potlood
μολύβι

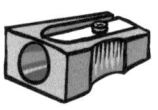

de puntenslijper
ξύστρα

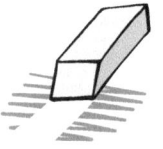

de gum
γόμα

het schetsblok
μπλοκ ζωγραφικής

de tekening

ζωγραφική

het penseel

πινέλο

de verfdoos

κουτί χρωμάτων

de schaar

ψαλίδι

de lijm

κόλλα

het schrift

τετράδιο ασκήσεων

het huiswerk

εργασία για το σπίτι

**12**

het getal

αριθμός

**2+2**

optellen

προσθέτω

**5-2**

aftrekken

αφαιρώ

**2×2**

vermenigvuldigen

πολλαπλασιάζω

rekenen

υπολογίζω

**A**

de letter

γράμμα

**ABCDEFG HIJKLMN OPQRSTU VWXYZ**

het alfabet

αλφάβητο

**hello**

het woord

λέξη

de school - σχολείο

de tekst
κείμενο

lezen
διαβάζω

het krijt
κιμωλία

de les
μάθημα

het klassenboek
εγγράφομαι

het examen
τεστ

het diploma
πιστοποιητικό

het schooluniform
μαθητική στολή

de opleiding
εκπαίδευση

de encyclopedie
εγκυκλοπαίδεια

de universiteit
πανεπιστήμιο

de microscoop
μικροσκόπιο

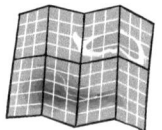

de kaart
χάρτης

de prullenmand
καλάθι αχρήστων

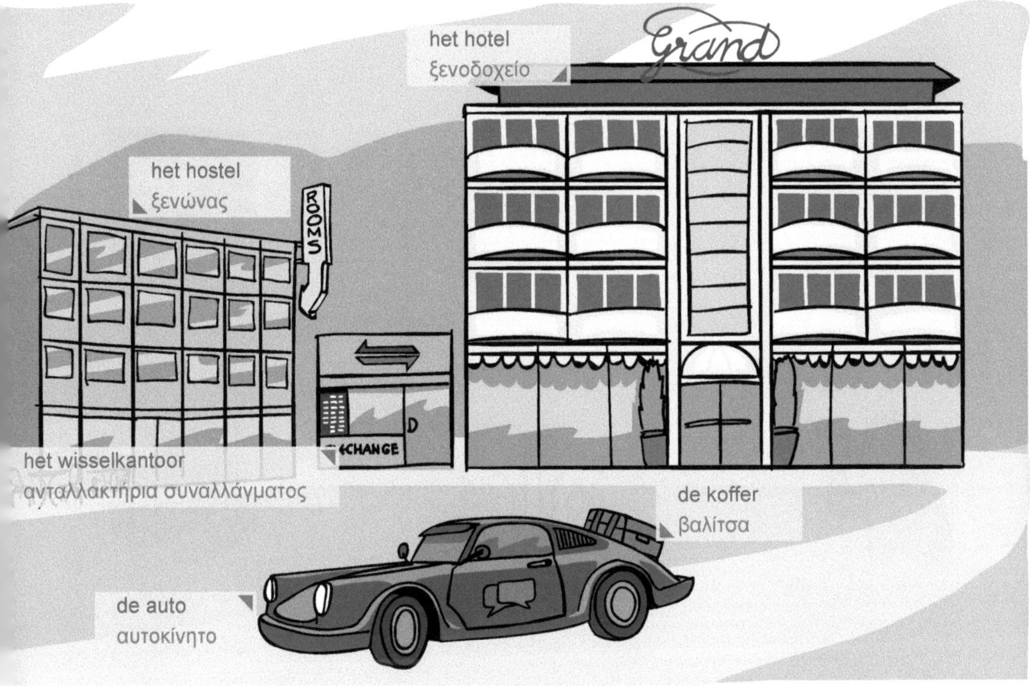

het hotel
ξενοδοχείο
Grand
het hostel
ξενώνας
ROOMS
EXCHANGE
het wisselkantoor
ανταλλακτήρια συναλλάγματος
de koffer
βαλίτσα
de auto
αυτοκίνητο

de taal

γλώσσα

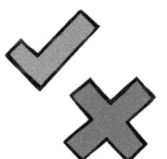

ja / nee

ναι / όχι

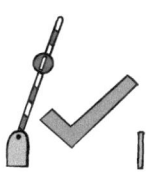

oké

εντάξει

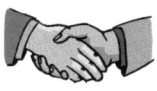

Hallo!

γεια σου

de tolk

μεταφραστής

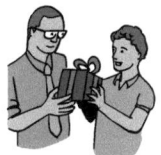

Bedankt.

Ευχαριστώ

Wat kost ...?

πόσο κάνει ;

Ik begrijp het niet.

Δε καταλαβαίνω

het probleem

πρόβλημα

Goedenavond!

Καλησπέρα!

Goedemorgen!

Καλημέρα!

Goedenacht!

Καληνύχτα!

Tot ziens!

Αντίο

de richting

κατεύθυνση

de bagage

αποσκευές

de tas

τσάντα

de rugzak

σακίδιο πλάτης

de gast

καλεσμένος

de kamer

δωμάτιο

de slaapzak

υπνόσακος

de tent

σκηνή

de reis - ταξίδι

het VVV-kantoor

τουριστικές πληροφορίες

het strand

παραλία

de creditkaart

πιστωτική κάρτα

het ontbijt

πρωινό

de lunch

μεσημεριανό

het diner

δείπνο

het kaartje

εισιτήριο

de lift

ανελκυστήρας

de postzegel

γραμματόσημο

de grens

σύνορα

de douane

τελωνείο

de ambassade

πρεσβεία

het visum

βίζα

het paspoort

διαβατήριο

# het transport
## μεταφορά

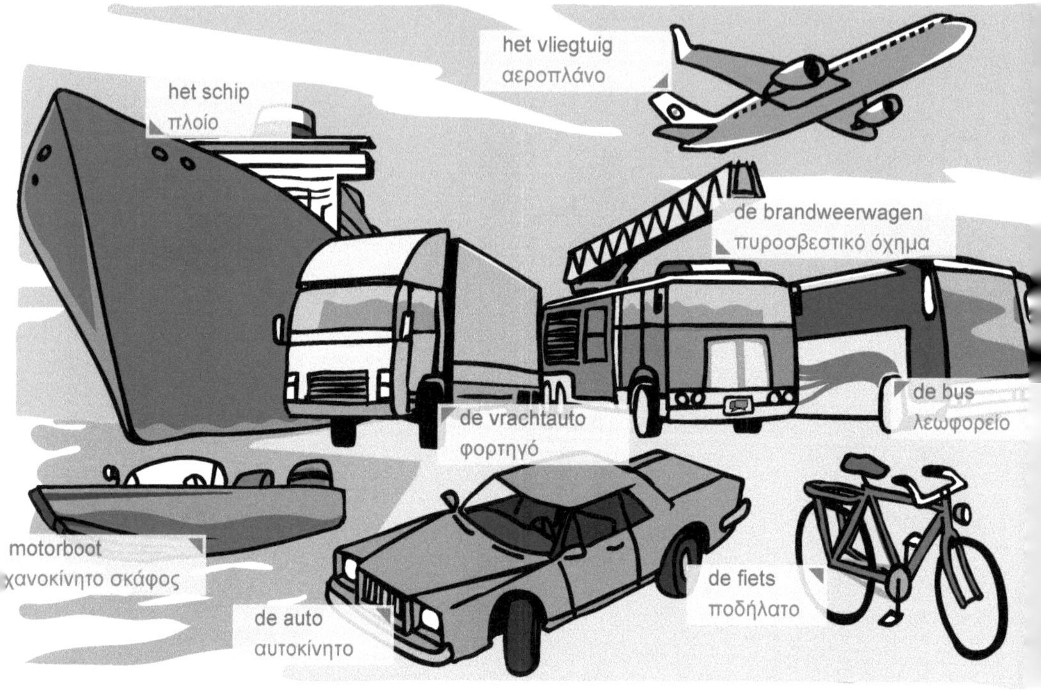
het vliegtuig
αεροπλάνο
het schip
πλοίο
de brandweerwagen
πυροσβεστικό όχημα
de bus
λεωφορείο
de vrachtauto
φορτηγό
motorboot
χανοκίνητο σκάφος
de fiets
ποδήλατο
de auto
αυτοκίνητο

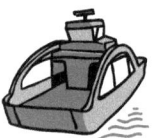

de veerboot
.................
φεριμπότ

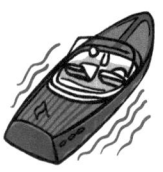

de boot
.................
βάρκα

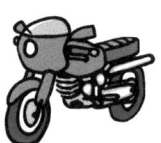

de motorfiets
.................
μοτοσικλέτα

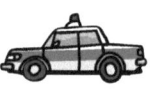

de politiewagen
.................
περιπολικό

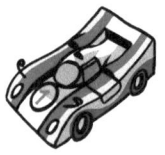

de raceauto
.................
αγωνιστικό αυτοκίνητο

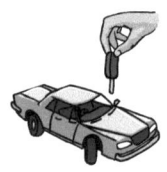

de huurauto
.................
ενοικιαζόμενο αυτοκίνητο

de carsharing

διαμοιρασμός αυτοκινήτων

de takelwagen

γερανός

de vuilniswagen

απορριμματοφόρο

de motor

κινητήρας

de benzine

καύσιμο

de benzinepomp

βενζινάδικο

het verkeersbord

πινακίδα σήμανσης

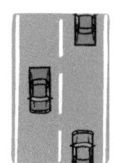

het verkeer

κυκλοφορία

de file

κυκλοφοριακή συμφόρηση

de parkeerplaats

χώρος στάθμευσης

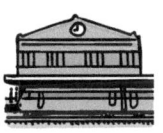

het station

σιδηροδρομικός σταθμός

de rails

σιδηροδρομικές γραμμές

de trein

τρένο

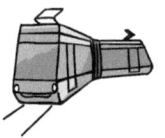

de tram

τραμ

de wagon

βαγόνι

de helikopter

ελικόπτερο

de luchthaven

αεροδρόμιο

de toren

πύργος

de passagier

επιβάτης

de container

εμπορευματοκιβώτιο

de verhuisdoos

χαρτοκιβώτιο

de kar

καρότσι

de mand

καλάθι

opstijgen / landen

απογειώνομαι /
προσγειόνομαι

# de stad

## πόλη

het dorp

χωριό

het stadscentrum

κέντρο της πόλης

het huis

σπίτι

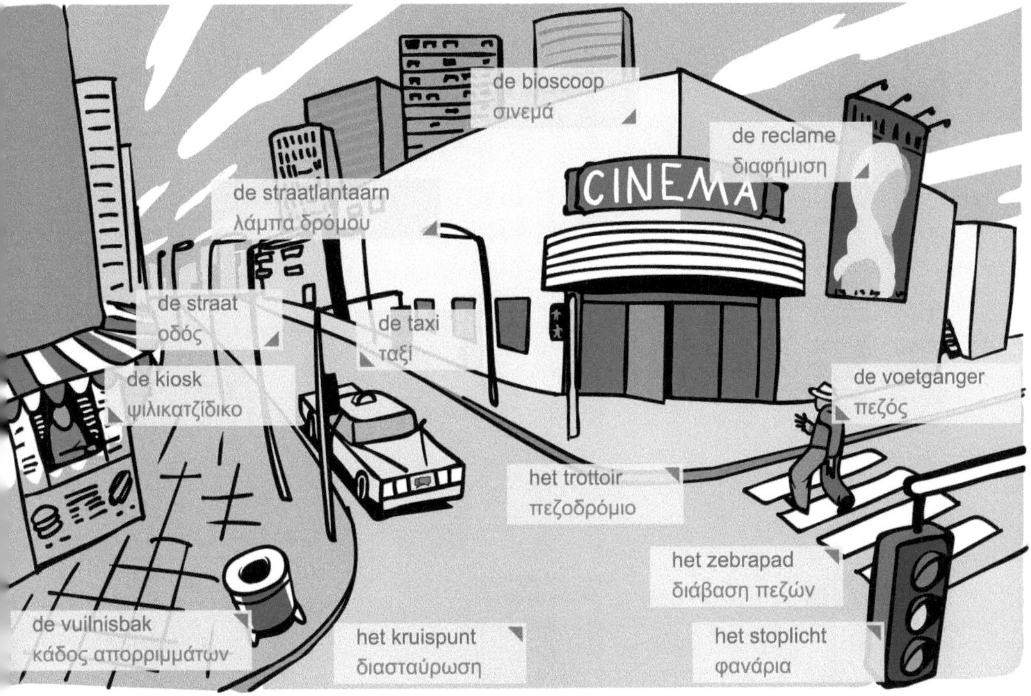

de bioscoop
σινεμά

de reclame
διαφήμιση

de straatlantaarn
λάμπα δρόμου

CINEMA

de straat
οδός

de taxi
ταξί

de kiosk
ψιλικατζίδικο

de voetganger
πεζός

het trottoir
πεζοδρόμιο

de zebrapad
διάβαση πεζών

de vuilnisbak
κάδος απορριμμάτων

het kruispunt
διασταύρωση

het stoplicht
φανάρια

de hut
καλύβα

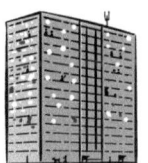

het appartement
διαμέρισμα

het station
σιδηροδρομικός σταθμός

het stadhuis
δημαρχείο

het museum
μουσείο

de school
σχολείο

de stad - πόλη

de universiteit

πανεπιστήμιο

de bank

τράπεζα

het ziekenhuis

νοσοκομείο

het hotel

ξενοδοχείο

de apotheek

φαρμακείο

het kantoor

γραφείο

de boekenwinkel

βιβλιοπωλείο

de winkel

κατάστημα

de bloemenwinkel

ανθοπωλείο

de supermarkt

σούπερ μάρκετ

de markt

αγορά

het warenhuis

πολυκατάστημα

de visboer

ιχθυοπωλείο

het winkelcentrum

εμπορικό κέντρο

de haven

λιμάνι

de stad - πόλη

het park

πάρκο

de bank

παγκάκι

de brug

γέφυρα

de trap

σκάλες

de metro

μετρό

de tunnel

τούνελ

de bushalte

στάση λεωφορείου

de bar

μπαρ

het restaurant

εστιατόριο

de brievenbus

γραμματοκιβώτιο

het straatnaambord

πινακίδα δρόμου

de parkeermeter

παρκόμετρο

de dierentuin

ζωολογικός κήπος

het zwembad

πισίνα

de moskee

τζαμί

de boerderij

αγρόκτημα

de vervuiling

ρύπανση

de begraafplaats

νεκροταφείο

de kerk

εκκλησία

de speelplaats

παιδική χαρά

de tempel

ναός

# het landschap

# τοπίο

![het landschap illustratie]

het blad
φύλλο

de wegwijzer
πινακίδα κατεύθυνσης

de weg
δρόμος

de weide
λιβάδι

de steen
πέτρα

de boom
δέντρο

de wandelaar
πεζοπόρος

de rivier
ποτάμι

het gras
χορτάρι

de bloem
λουλούδι

de vallei
κοιλάδα

de berg
λόφος

het meer
λίμνη

het bos
δάσος

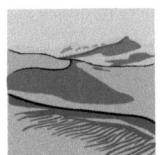

de woestijn
έρημος

de vulkaan
ηφαίστειο

het kasteel
κάστρο

de regenboog
ουράνιο τόξο

de paddenstoel
μανιτάρι

de palmboom
φοίνικας

de mug
κουνούπι

de vlieg
μύγα

de mier
μυρμήγκι

de bij
μέλισσα

de spin
αράχνη

de kever

σκαθάρι

de kikker

βάτραχος

de eekhoorn

σκίουρος

de egel

σκαντζόχοιρος

de haas

λαγός

de uil

κουκουβάγια

de vogel

πουλί

de zwaan

κύκνος

het wild zwijn

αγριογούρουνο

het hert

ελάφι

de eland

άλκη

de stuwdam

φράγμα

de windmolen

ανεμογεννήτρια

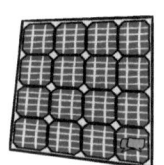

het zonnepaneel

ηλιακός συλλέκτης

het klimaat

κλίμα

# het restaurant
## εστιατόριο

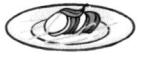

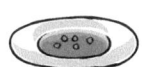

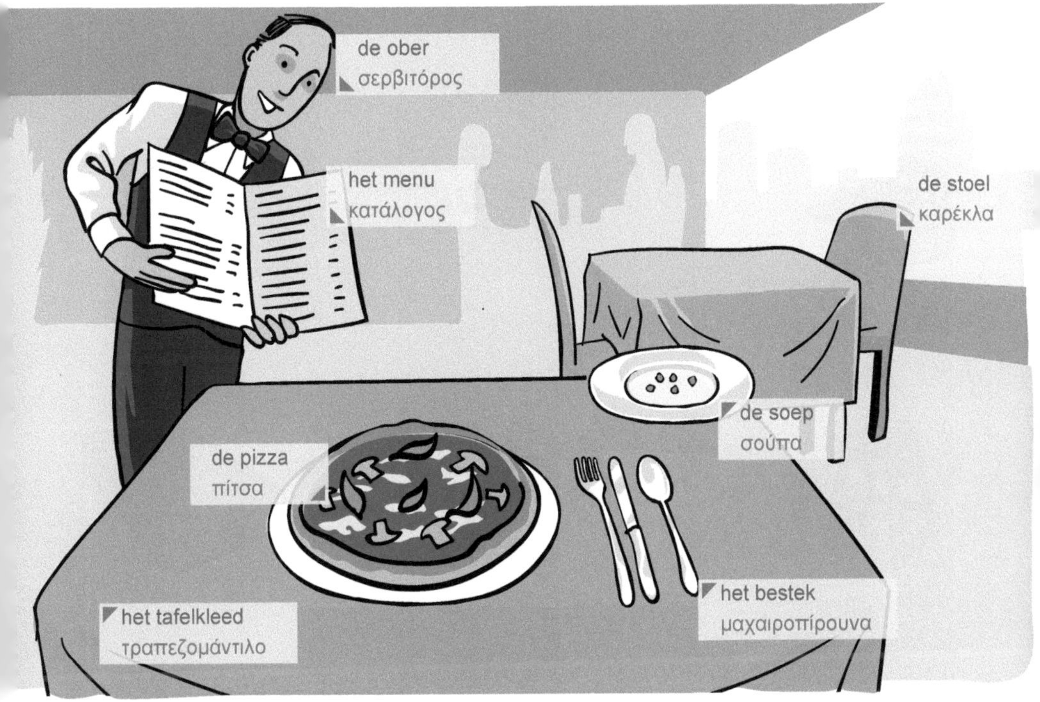
de ober
σερβιτόρος
het menu
κατάλογος
de stoel
καρέκλα
de soep
σούπα
de pizza
πίτσα
het bestek
μαχαιροπίρουνα
het tafelkleed
τραπεζομάντιλο

het voorgerecht

ορεκτικό

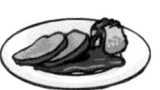

het hoofdgerecht

κύριο πιάτο

het toetje

επιδόρπιο

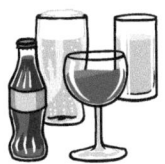

de dranken

ποτά

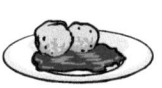

het eten

φαγητό

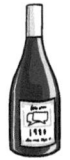

de fles

μπουκάλι

de/het fastfood

φαστ φουντ

het eetkraampje

φαγητό στ' όρθιο

de theepot

τσαγιέρα

de suikerpot

δοχείο ζάχαρης

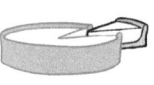

de portie

μερίδα

de espressomachine

μηχανή εσπρέσο

de kinderstoel

ψηλή καρέκλα

de rekening

λογαριασμός

het dienblad

δίσκος

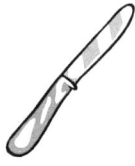

het mes

μαχαίρι

de vork

πιρούνι

de lepel

κουτάλι

de theelepel

κουταλάκι του τσαγιού

het servet

πετσέτα φαγητού

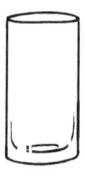

het glas

ποτήρι

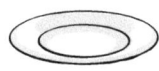

het bord
πιάτο

het soepbord
πιάτο σούπας

de schotel
πιατάκι φλιτζανιού

de saus
σάλτσα

het zoutvaatje
αλατιέρα

de pepermolen
μύλος για πιπέρι

de azijn
ξύδι

de olie
λάδι

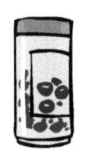

de kruiden
μπαχαρικά

de ketchup
κέτσαπ

de mosterd
μουστάρδα

de mayonaise
μαγιονέζα

# de supermarkt
## σούπερ μάρκετ

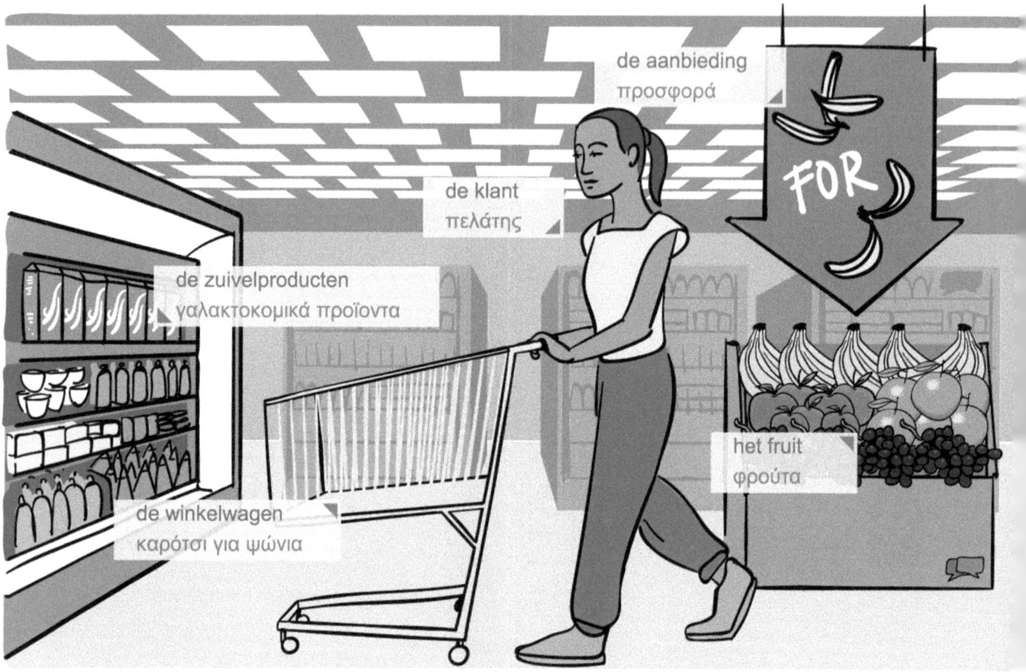

de aanbieding
προσφορά
FOR
de klant
πελάτης
de zuivelproducten
γαλακτοκομικά προϊόντα
het fruit
φρούτα
de winkelwagen
καρότσι για ψώνια

BUTCHERS

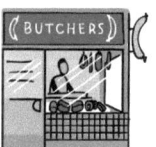

de slager

κρεοπωλείο

BAKERY

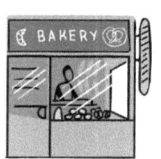

de bakkerij

φούρνος

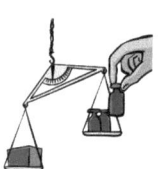

wegen

ζυγίζω

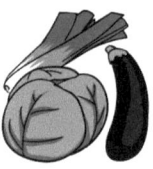

de groente

λαχανικά

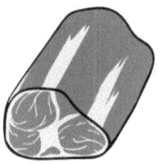

het vlees

κρέας

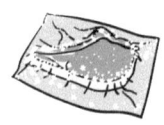

de diepvriesproducten

κατεψυγμένα τρόφιμα

de vleeswaren

αλλαντικά

de conserven

κονσερβοποιημένη τροφή

het wasmiddel

απορρυπαντικό ρούχων

het snoepgoed

γλυκά

de huishoudelijke artikelen

οικιακά είδη

het schoonmaakmiddel

καθαριστικά προϊόντα

de verkoopster

πωλήτρια

de kassa

ταμείο

de kassier

ταμίας

het boodschappenlijstje

λίστα για ψώνια

de openingstijden

ωράριο λειτουργίας

de portefeuille

πορτοφόλι

de creditkaart

πιστωτική κάρτα

de tas

τσάντα

de plastic zak

πλαστική σακούλα

het water

νερό

het sap

χυμός

de melk

γάλα

de cola

κόκα κόλα

de wijn

κρασί

het bier

μπίρα

de alcohol

αλκοόλ

de chocolademelk

κακάο

de thee

τσάι

de koffie

καφές

de espresso

εσπρέσο

de cappuccino

καπουτσίνο

de banaan

μπανάνα

de appel

μήλο

de sinaasappel

πορτοκάλι

de watermeloen

πεπόνι

de citroen

λεμόνι

de wortel

καρότο

de knoflook

σκόρδο

de bamboe

μπαμπού

de ui

κρεμμύδι

de paddenstoel

μανιτάρι

de noten

ξηροί καρποί

de pasta

νουντλς

de spaghetti

μακαρόνια

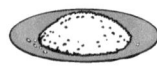

de rijst

ρύζι

de salade

σαλάτα

de friet

πατατάκια

de gebakken aardappelen

τηγανητές πατάτες

de pizza

πίτσα

de hamburger

χάμπουργκερ

de sandwich

σάντουιτς

de schnitzel

κοτολέτα

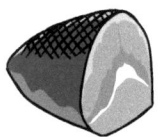

de ham

ζαμπόν

de salami

σαλάμι

de worst

λουκάνικο

de kip

κοτόπουλο

het gebraad

ψητό

de vis

ψάρι

de havermout

χυλός βρώμης

de muesli

μούσλι

de cornflakes

κορν φλέικς

het meel

αλεύρι

de croissant

κρουασάν

de broodjes

ψωμάκι

het brood

ψωμί

de toast

τοστ

de koekjes

μπισκότα

de boter

βούτυρο

de kwark

τυρόπηγμα

de taart

κέικ

het ei

αυγό

het gebakken ei

τηγανητό αυγό

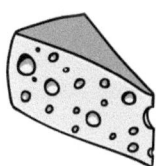

de kaas

τυρί

het ijs

παγωτό

de suiker

ζάχαρη

de honing

μέλι

de jam

μαρμελάδα

de chocoladepasta

άλλειμμα σοκολάτας

de kerrie

κάρυ

# de boerderij
## αγρόκτημα

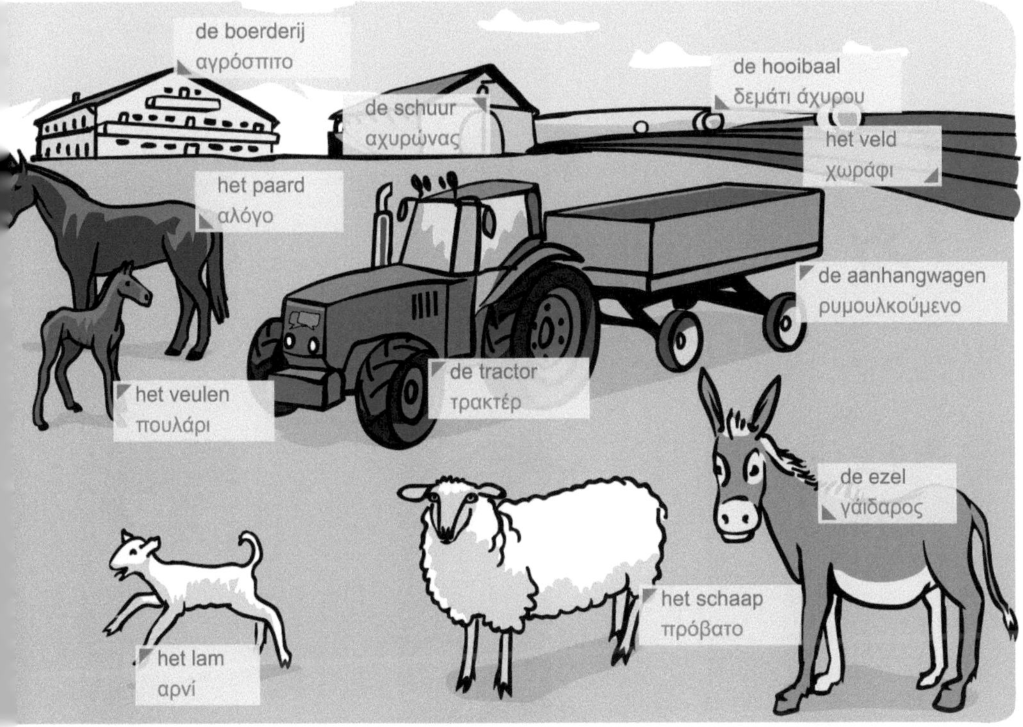
de boerderij
αγρόσπιτο
de schuur
αχυρώνας
de hooibaal
δεμάτι άχυρου
het veld
χωράφι
het paard
αλόγο
de aanhangwagen
ρυμουλκούμενο
de tractor
τρακτέρ
het veulen
πουλάρι
de ezel
γάιδαρος
het schaap
πρόβατο
het lam
αρνί

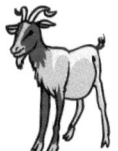

de geit

κατσίκα

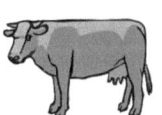

de koe

αγελάδα

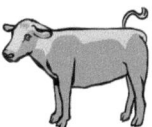

het kalf

μοσχαράκι

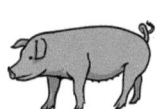

het varken

γουρούνι

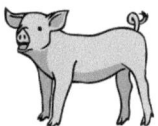

de big

γουρουνάκι

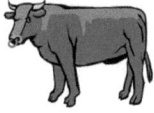

de stier

ταύρος

de gans

χήνα

de eend

πάπια

het kuiken

κοτοπουλάκι

de kip

κότα

de haan

κόκορας

de rat

αρουραίος

de kat

γάτα

de muis

ποντίκι

de os

βόδι

de hond

σκύλος

het hondenhok

σπιτάκι σκύλου

de tuinslang

λάστιχο κήπου

de gieter

ποτιστήρι

de zeis

θεριστήρι

de ploeg

αλέτρι

de sikkel

δρεπάνι

de schoffel

τσάπα

de hooivork

δίκρανο

de bijl

τσεκούρι

de kruiwagen

χειράμαξα

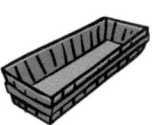

de trog

ταΐστρα

de melkbus

δοχείο γάλακτος

de zak

σάκος

het hek

φράχτης

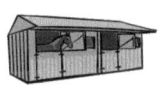

de stal

στάβλος

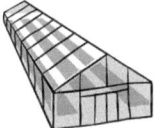

de broeikas

θερμοκήπιο

de grond

έδαφος

het zaad

σπόρος

de mest

λίπασμα

de maaidorser

θεριζοαλωνιστική μηχανή

oogsten
θερίζω

de oogst
συγκομιδή

de yam
γιαμς

de tarwe
σιτάρι

de soja
σόγια

de aardappel
πατάτα

de maïs
καλαμπόκι

het koolzaad
κράμβη

de fruitboom
οπωροφόρο δέντρο

de maniok
μανιόκα

de granen
δημητριακά

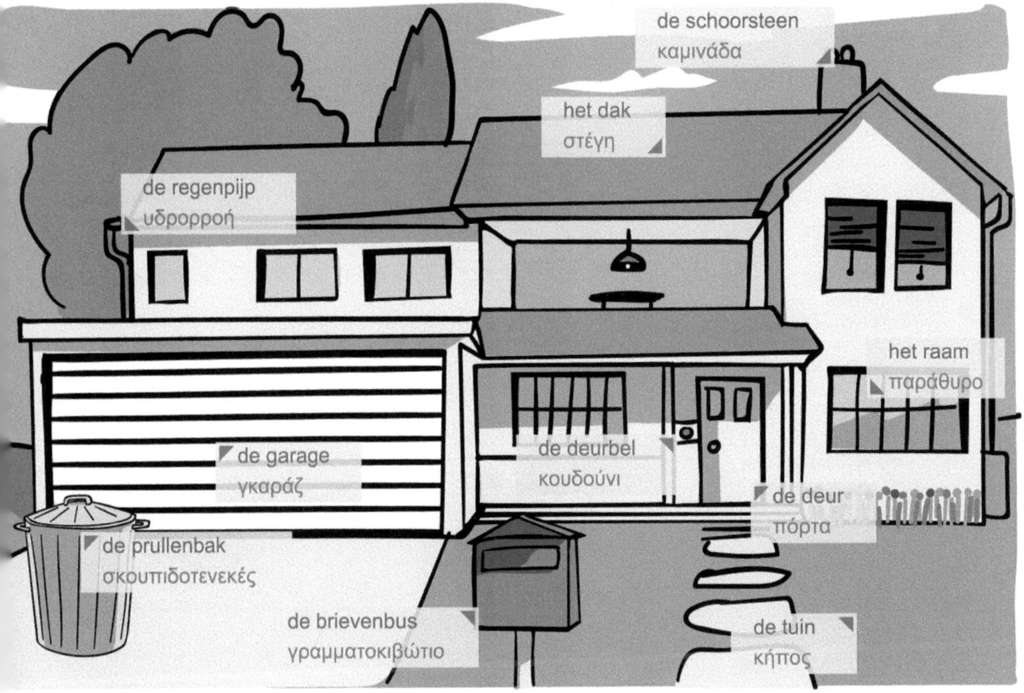

de schoorsteen
καμινάδα

het dak
στέγη

de regenpijp
υδρορροή

het raam
παράθυρο

de garage
γκαράζ

de deurbel
κουδούνι

de deur
πόρτα

de prullenbak
σκουπιδοτενεκές

de brievenbus
γραμματοκιβώτιο

de tuin
κήπος

de woonkamer

σαλόνι

de badkamer

μπάνιο

de keuken

κουζίνα

de slaapkamer

υπνοδωμάτιο

de kinderkamer

παιδικό δωμάτιο

de eetkamer

τραπεζαρία

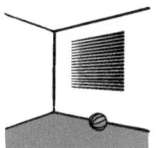

de vloer

πάτωμα

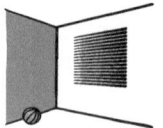

de muur

τοίχος

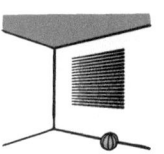

het plafond

οροφή

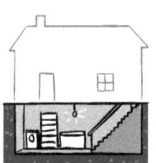

de kelder

κελάρι

de sauna

σάουνα

het balkon

μπαλκόνι

het terras

βεράντα

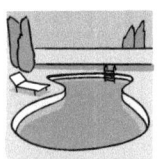

het zwembad

πισίνα

de grasmaaier

μηχανή του γκαζόν

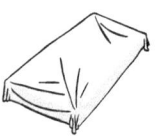

het laken

σεντόνι

de bedsprei

κάλυμμα κρεβατιού

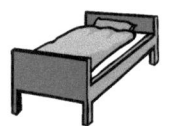

het bed

κρεβάτι

de bezem

σκούπα

de emmer

κουβάς

de schakelaar

διακόπτης

# de woonkamer
## σαλόνι

het behang
ταπετσαρία
de foto
φωτογραφία
de lamp
λάμπα
de plank
ράφι
de kast
ντουλάπι
de televisie
τηλεόραση
de open haard
τζάκι
de bloem
λουλούδι
het kussen
μαξιλάρι
het bankstel
καναπές
de vaas
βάζο
de afstandsbediening
τηλεκοντρόλ

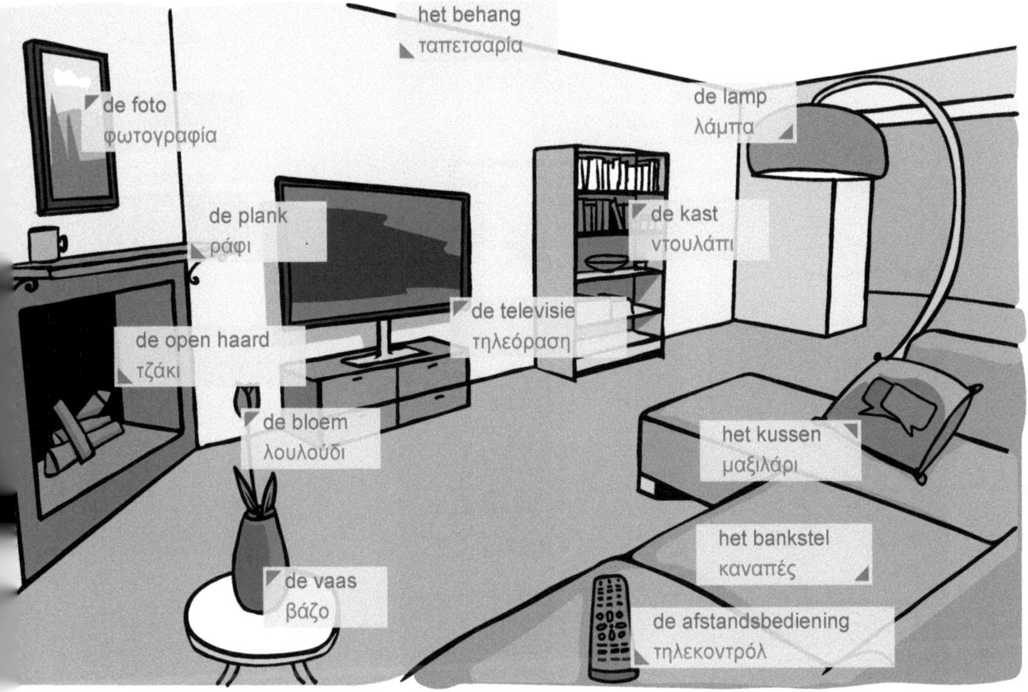

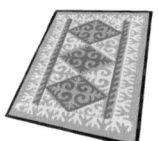

het tapijt
χαλί

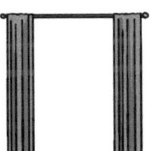

het gordijn
κουρτίνα

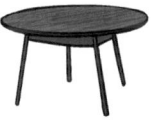

de tafel
τραπέζι

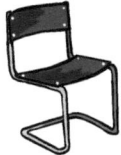

de stoel
καρέκλα

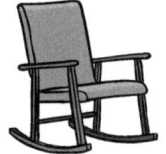

de schommelstoel
κουνιστή πολυθρόνα

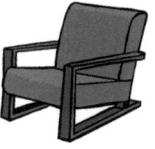

de stoel
πολυθρόνα

het boek

βιβλίο

de deken

κουβέρτα

de decoratie

διακόσμηση

het brandhout

καυσόξυλα

de film

ταινία

de stereo-installatie

στερεοφωνικό σύστημα

de sleutel

κλειδί

de krant

εφημερίδα

het schilderij

πίνακας ζωγραφικής

de poster

αφίσα

de radio

ραδιόφωνο

het kladblok

σημειωματάριο

de stofzuiger

ηλεκτρική σκούπα

de cactus

κάκτος

de kaars

κερί

# de keuken
## κουζίνα

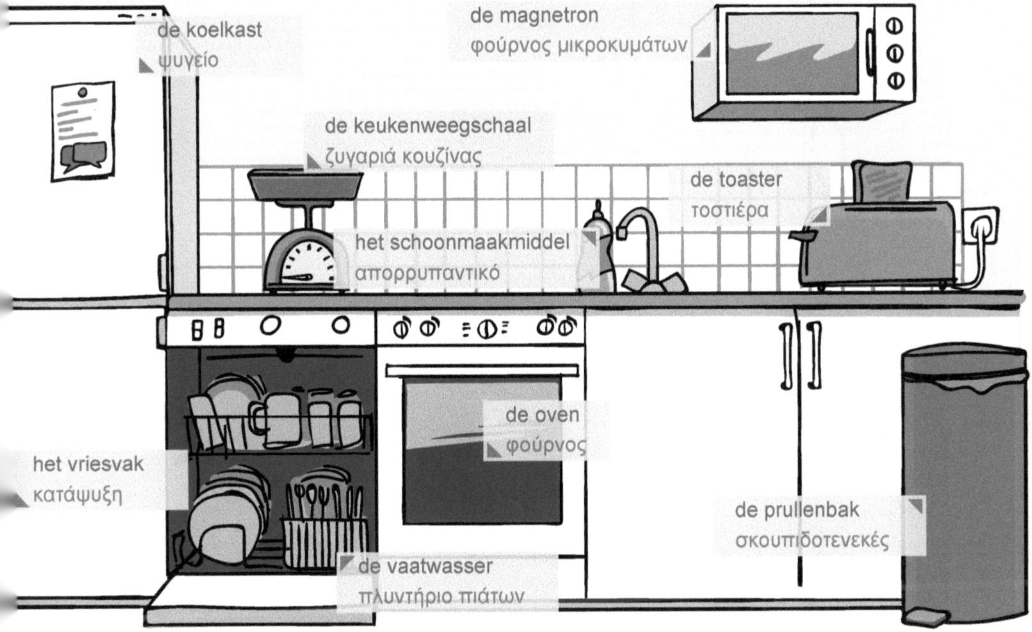

de koelkast
ψυγείο
de magnetron
φούρνος μικροκυμάτων
de keukenweegschaal
ζυγαριά κουζίνας
de toaster
τοστιέρα
het schoonmaakmiddel
απορρυπαντικό
de oven
φούρνος
het vriesvak
κατάψυξη
de prullenbak
σκουπιδοτενεκές
de vaatwasser
πλυντήριο πιάτων


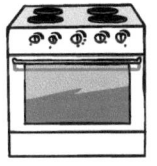

het fornuis

κουζίνα

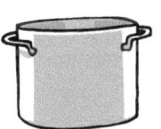

de pan

κατσαρόλα

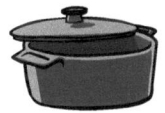

de gietijzeren pan

μαντεμένια κατσαρόλα

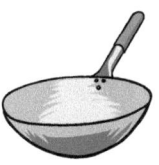

de wok / kadai

γουόκ/καντάι

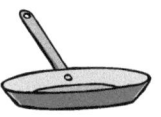

de koekenpan

τηγάνι

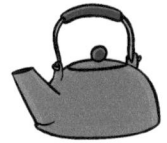

de ketel

βραστήρας

de stoomkoker

ατμομάγειρας

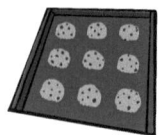

de bakplaat

ταψί

het servies

πιατικά

de beker

κούπα

de kom

μπολ

de eetstokjes

ξυλάκια

de soeplepel

κουτάλα

de spatel

σπάτουλα

de garde

ανακατεύω

het vergiet

σουρωτήρι

de zeef

σουρωτηράκι

de rasp

τρίφτης

de vijzel

γουδί

de barbecue

ψησταριά

de vuurhaard

ανοιχτή φωτιά

de snijplank

σανίδα κοπής

de deegroller

πλάστης

de kurkentrekker

ανοιχτήρι φελλών

het blik

κονσέρβα

de blikopener

ανοιχτήρι κονσέρβας

de pannenlap

γάντι φούρνου

de wasbak

νεροχύτης

de borstel

βούρτσα

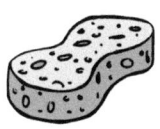

de spons

σφουγγάρι

de blender

μπλέντερ

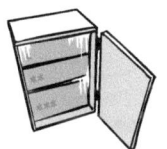

de vriezer

καταψύκτης

het babyflesje

μπιμπερό

de kraan

βρύση

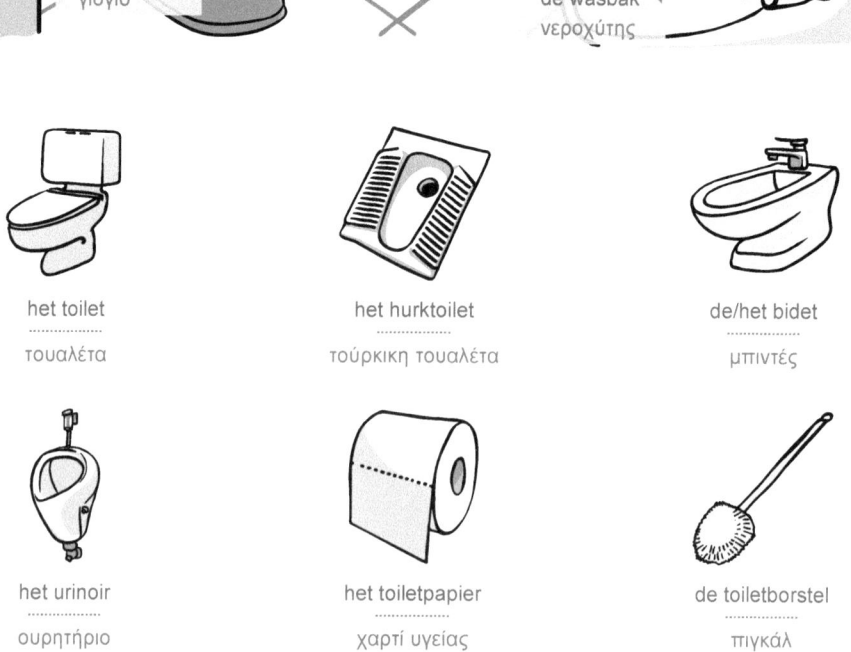

# de badkamer
## μπάνιο

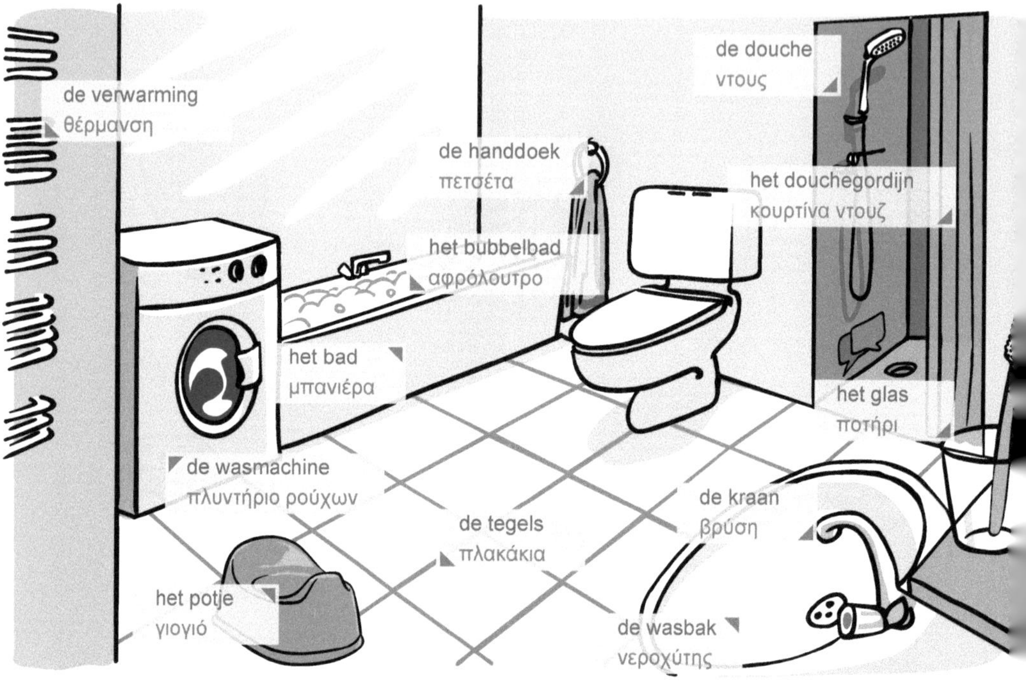

de verwarming
θέρμανση
de handdoek
πετσέτα
de douche
ντους
het douchegordijn
κουρτίνα ντουζ
het bubbelbad
αφρόλουτρο
het bad
μπανιέρα
het glas
ποτήρι
de wasmachine
πλυντήριο ρούχων
de kraan
βρύση
de tegels
πλακάκια
het potje
γιογιό
de wasbak
νεροχύτης


het toilet
τουαλέτα

het hurktoilet
τούρκικη τουαλέτα

de/het bidet
μπιντές

het urinoir
ουρητήριο

het toiletpapier
χαρτί υγείας

de toiletborstel
πιγκάλ

de tandenborstel

οδοντόβουρτσα

de tandpasta

οδοντόκρεμα

het flosdraad

οδοντικό νήμα

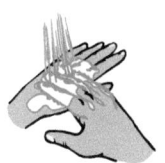

wassen

πλένω

de handdouche

τηλέφωνο ντους

de toiletdouche

ντουσιέρα

de waskom

λεκάνη

de rugborstel

βούρτσα πλάτης

de zeep

σαπούνι

de douchegel

αφρόλουτρο

de shampoo

σαμπουάν

het washandje

φανέλα

de afvoer

σιφόνι

de creme

κρέμα

de deodorant

αποσμητικό

de spiegel

καθρέφτης

de make-upspiegel

καθρέφτης χειρός

het scheermes

ξυραφάκι

het scheerschuim

αφρός ξυρίσματος

de aftershave

αφτερσέιβ

de kam

χτένα

de borstel

βούρτσα

de haardroger

σεσουάρ

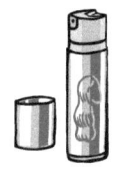

de haarspray

λακ

de make-up

μακιγιάζ

de lippenstift

κραγιόν

de nagellak

βερνίκι νυχιών

de watten

βαμβάκι

het nagelschaartje

ψαλίδι νυχιών

de/het parfum

άρωμα

de toilettas

νεσεσέρ

de kruk

σκαμπό

de weegschaal

ζυγαριά

de badjas

μπουρνούζι

de rubber handschoenen

ελαστικά γάντια

de tampon

ταμπόν

het maandverband

πετσέτα υγιεινής

het chemisch toilet

χημική τουαλέτα

# de kinderkamer
# παιδικό δωμάτιο

de wekker
ξυπνητήρι
het knuffeldier
λούτρινο ζωάκι
de speelgoedauto
αυτοκινητάκι
de rammelaar
κουδουνίστρα
het poppenhuis
κουκλόσπιτο
het cadeau
δώρο

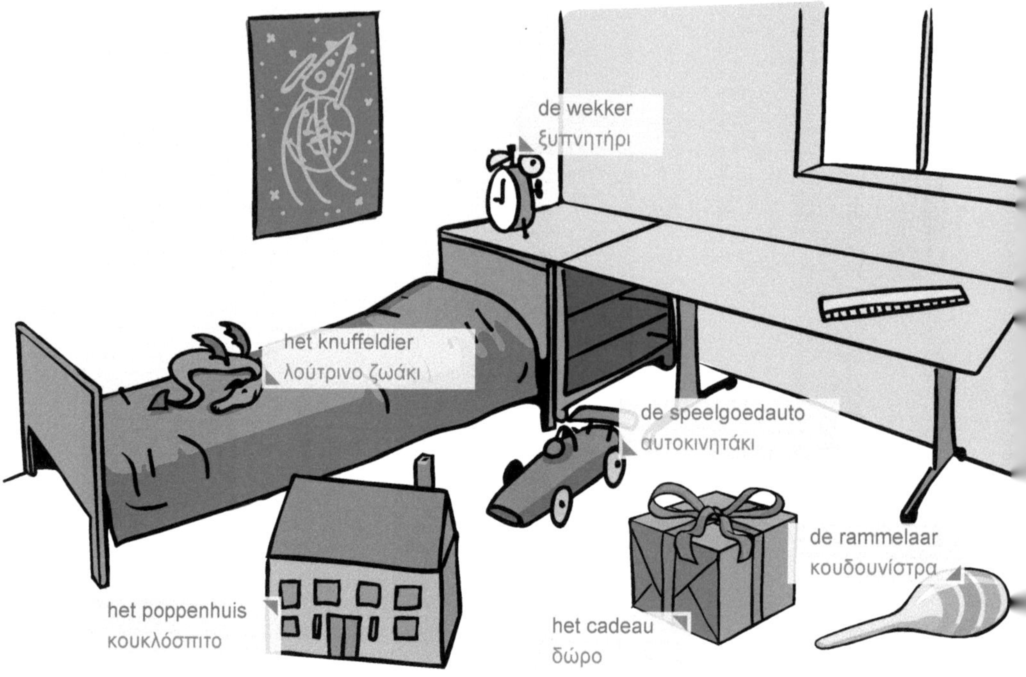

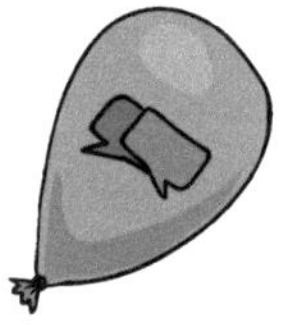

de ballon
μπαλόνι

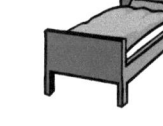

het bed
κρεβάτι

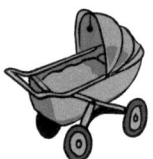

de kinderwagen
καροτσάκι

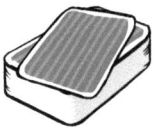

het kaartspel
τράπουλα

de puzzel
παζλ

SUPER
MEGA
het stripverhaal
κόμικς

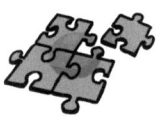

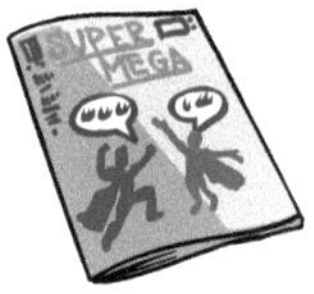

**de legostenen**
τουβλάκια lego

**de speelgoedblokken**
τουβλάκια κατασκευών

**het actiefiguurtje**
φιγούρα δράσης

**de romper**
βρεφικό φορμάκι

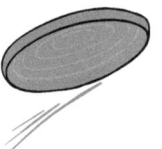

**de frisbee**
φρίσμπι

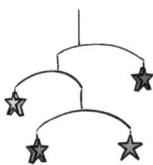

**de/het mobile**
μόμπιλο

**het bordspel**
επιτραπέζιο παιχνίδι

**de dobbelsteen**
ζάρια

**de modeltrein**
σετ τρενάκι

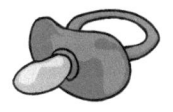

**de speen**
πιπίλα

**het feestje**
πάρτι

**het prentenboek**
εικονογραφημένο βιβλίο

**de bal**
μπάλα

**de pop**
κούκλα

**spelen**
παίζω

**de zandbak**

σκάμμα με άμμο

**de schommel**

κούνια

**het speelgoed**

παιχνίδια

**de spelcomputer**

κονσόλα βιντεοπαιχνιδιών

**de driewieler**

τρίκυκλο

**de teddybeer**

αρκουδάκι

**de kleerkast**

ντουλάπα

## de kleding

## ρούχα

**de sokken**

κάλτσες

**de kousen**

καλτσοδέτες

**de panty**

καλσόν

de sjaal
κασκόλ

de paraplu
ομπρέλα

het T-shirt
μπλουζάκι

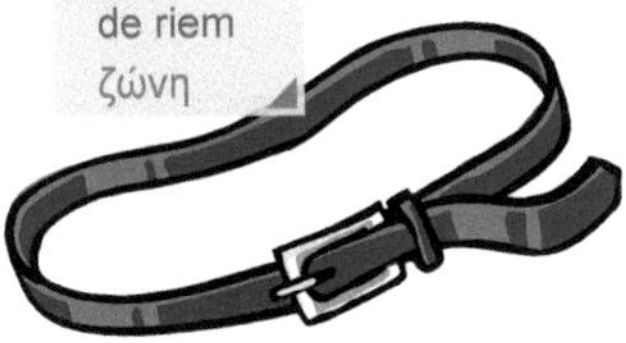

de riem
ζώνη

de laarzen
μπότες

de pantoffels
παντόφλες

de sportschoenen
αθλητικά παπούτσια

de sandalen
σανδάλια

de schoenen
παπούτσια

de rubberlaarzen
γαλότσες

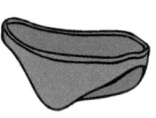
de onderbroek
εσώρουχο

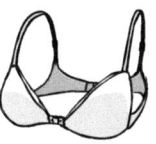
de beha
σουτιέν

het onderhemd
φανέλα

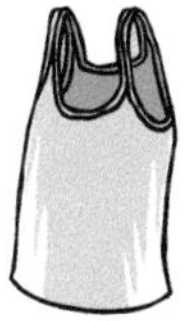

de kleding - ρούχα

de body

σώμα

de broek

παντελόνι

de spijkerbroek

τζιν παντελόνι

de rok

φούστα

de blouse

μπλούζα

het overhemd

πουκάμισο

de trui

πουλόβερ

de hoody

πουλόβερ

de blazer

σακάκι

de jas

μπουφάν

de mantel

παλτό

de regenjas

αδιάβροχο πανωφόρι

het kostuum

κοστούμι

de jurk

φόρεμα

de trouwjurk

νυφικό

het pak
κοστούμι

het nachthemd
νυχτικό

de pyjama
πιτζάμες

de sari
σάρι

de hoofddoek
μαντήλι

de tulband
τουρμπάνι

de boerka
μπούρκα

de kaftan
καφτάνι

de abaja
μουσουλμανικό ένδυμα

het zwempak
ολόσωμο μαγιό

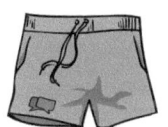

de zwembroek
ανδρικό μαγιό

de korte broek
σορτς

het trainingspak
αθλητική φόρμα

de/het schort
ποδιά

de handschoenen
γάντια

de knoop

κουμπί

de bril

γυαλιά

de armband

βραχιόλι

de ketting

περιδέραιο

de ring

δαχτυλίδι

de oorbel

σκουλαρίκι

de pet

καπέλο

de kledinghanger

κρεμάστρα

de hoed

καπέλο

de stropdas

γραβάτα

de rits

φερμουάρ

de helm

κράνος

de bretels

τιράντες

het schooluniform

μαθητική στολή

het uniform

στολή

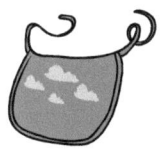

het slabbetje

σαλιάρα

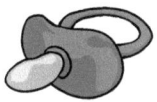

de speen

πιπίλα

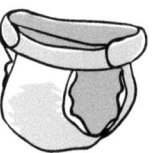

de luier

πάνα

# het kantoor
## γραφείο

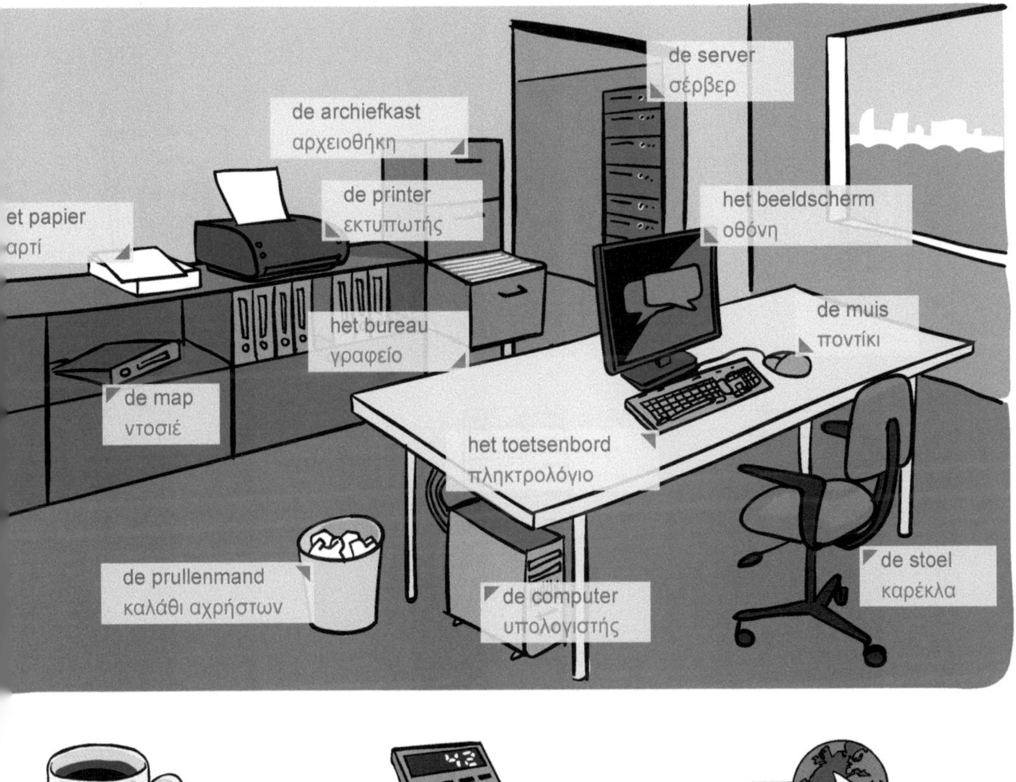

de server
σέρβερ
de archiefkast
αρχειοθήκη
de printer
εκτυπωτής
et papier
αρτί
het beeldscherm
οθόνη
het bureau
γραφείο
de muis
ποντίκι
de map
ντοσιέ
het toetsenbord
πληκτρολόγιο
de prullenmand
καλάθι αχρήστων
de computer
υπολογιστής
de stoel
καρέκλα


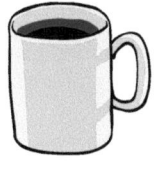

de koffiemok

κούπα του καφέ

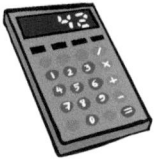

de rekenmachine

κομπιουτεράκι

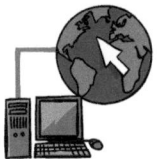

het internet

ίντερνετ

de laptop

λάπτοπ

de brief

γράμμα

het bericht

μήνυμα

de mobiele telefoon

κινητό

het netwerk

δίκτυο

de kopieermachine

φωτοτυπικό μηχάνημα

de software

λογισμικό

de telefoon

τηλέφωνο

het stopcontact

πρίζα

de fax

συσκευή φαξ

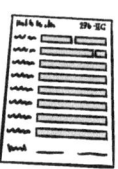

het formulier

έντυπο

het document

έγγραφο

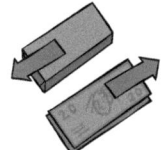

kopen

αγοράζω

betalen

πληρώνω

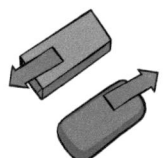

handel drijven

συναλλάσσομαι

het geld

χρήματα

de dollar

δολάριο

de euro

ευρώ

de yen

γιεν

de roebel

ρούβλι

de Zwitserse frank

ελβετικό φράγκο

de renminbi yuan

ρενμίνμπι γιουάν

de roepie

ρουπία

de geldautomaat

ATM (αυτόματη ταμειακή μηχανή)

het wisselkantoor

ανταλλακτήρια συναλλάγματος

het goud

χρυσός

het zilver

ασήμι

de olie

πετρέλαιο

de energie

ενέργεια

de prijs

τιμή

het contract

συμβόλαιο

de belasting

φόρος

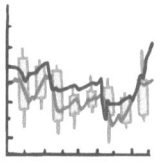

het aandeel

μετοχή

werken

δουλεύω

de werknemer

υπάλληλος

de werkgever

εργοδότης

de fabriek

εργοστάσιο

de winkel

κατάστημα

# de beroepen
# επαγγέλματα

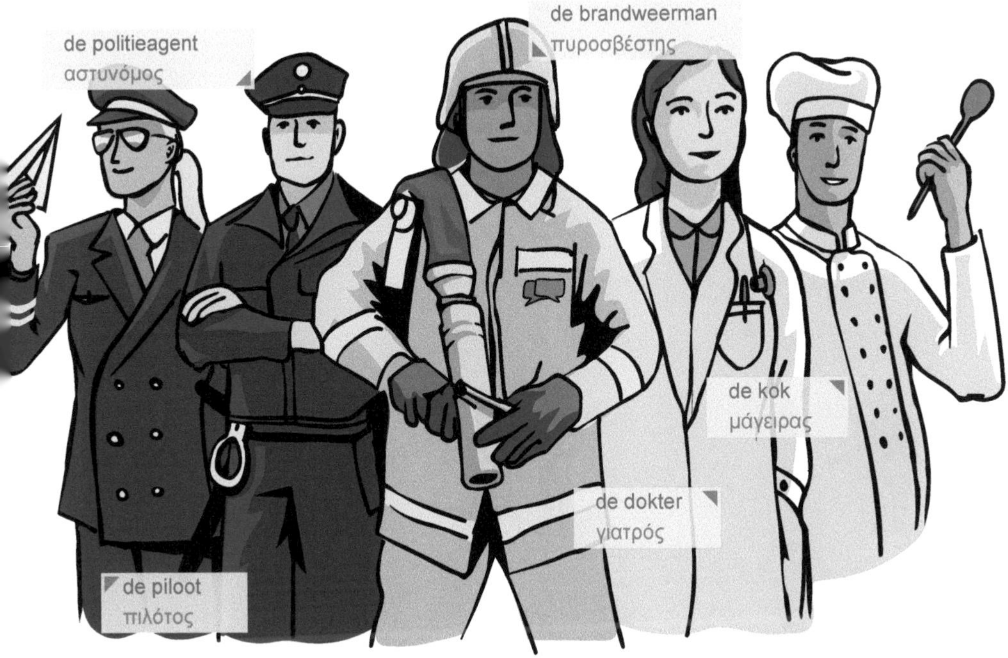
de brandweerman
πυροσβέστης
de politieagent
αστυνόμος
de kok
μάγειρας
de dokter
γιατρός
de piloot
πιλότος

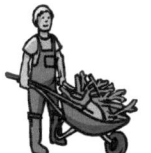

de tuinman
κηπουρός

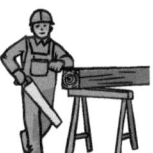

de timmerman
ξυλουργός

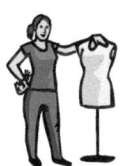

de naaister
μοδίστρα

de rechter
δικαστής

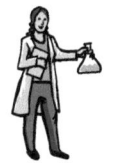

de scheikundige
χημικός

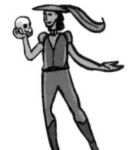

de toneelspeler
ηθοποιός

de buschauffeur

οδηγός λεωφορείου

de taxichauffeur

ταξιτζής

de visser

ψαράς

de schoonmaakster

καθαρίστρια

de dakdekker

τεχνίτης στεγών

de ober

σερβιτόρος

de jager

κυνηγός

de schilder

ζωγράφος

de bakker

αρτοποιός

de elektricien

ηλεκτρολόγος

de bouwvakker

οικοδόμος

de ingenieur

μηχανολόγος

de slager

κρεοπώλης

de loodgieter

υδραυλικός

de postbode

ταχυδρόμος

de beroepen - επαγγέλματα

de soldaat

στρατιώτης

de architect

αρχιτέκτονας

de kassier

ταμίας

de bloemist

ανθοπώλης

de kapper

κομμωτής

de conducteur

ελεγκτής εισιτηρίων

de monteur

μηχανικός

de kapitein

καπετάνιος

de tandarts

οδοντίατρος

de wetenschapper

επιστήμονας

de rabbi

ραβίνος

de imam

ιμάμης

de monnik

μοναχός

de pastoor

ιερέας

# het gereedschap
## εργαλεία

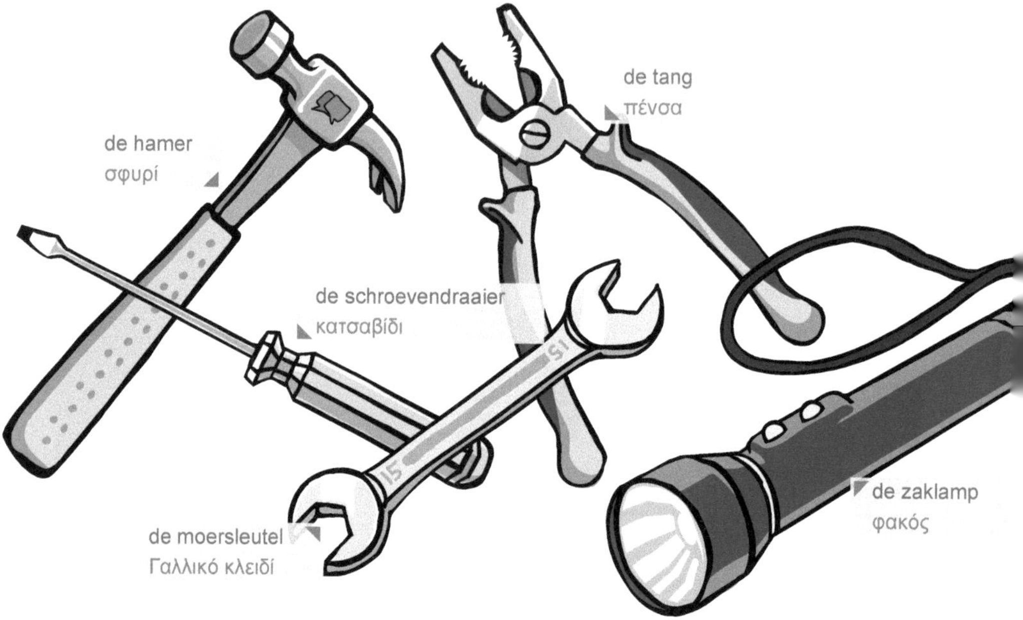
de tang
πένσα
de hamer
σφυρί
de schroevendraaier
κατσαβίδι
de moersleutel
Γαλλικό κλειδί
de zaklamp
φακός

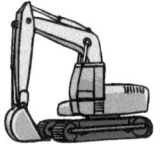

de graafmachine

εκσκαφέας

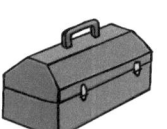

de gereedschapskist

εργαλειοθήκη

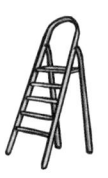

de ladder

σκάλα

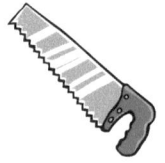

de zaag

πριόνι

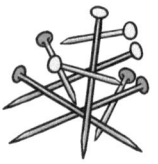

de spijkers

καρφιά

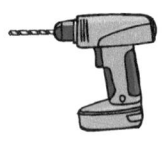

de boor

τρυπάνι

repareren

επισκευάζω

de schep

φτυάρι

Verdorie!

Να πάρει!

het stofblik

φαράσι

de verfpot

δοχείο χρωμάτων

de schroeven

βίδες

## de muziekinstrumenten
## μουσικά όργανα

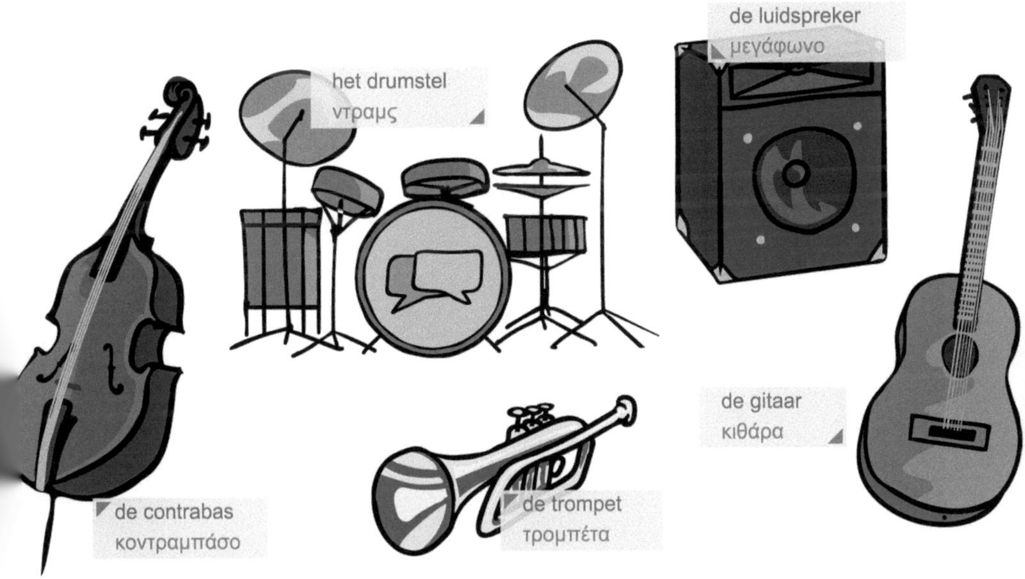

het drumstel
ντραμς

de luidspreker
μεγάφωνο

de contrabas
κοντραμπάσο

de trompet
τρομπέτα

de gitaar
κιθάρα

de piano

πιάνο

de viool

βιολί

de bas

μπάσο

de pauk

τύμπανα

de trommel

τύμπανο

het keyboard

πλήκτρα

de saxofoon

σαξόφωνο

de fluit

φλάουτο

de microfoon

μικρόφωνο

# de dierentuin
# ζωολογικός κήπος

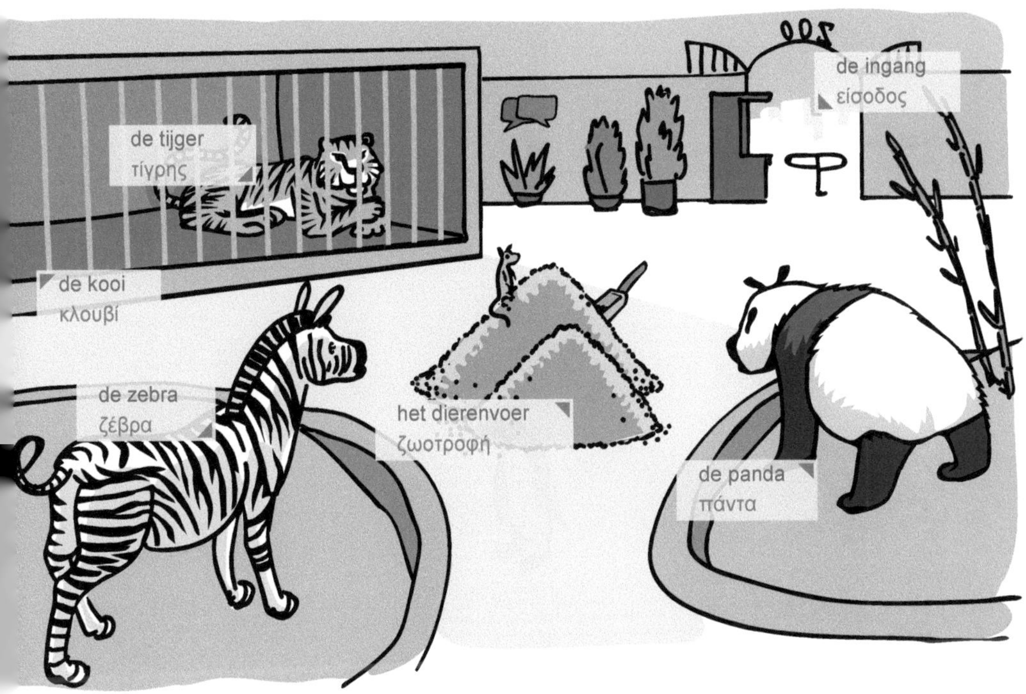

de ingang
είσοδος
de tijger
τίγρης
de kooi
κλουβί
de zebra
ζέβρα
het dierenvoer
ζωοτροφή
de panda
πάντα


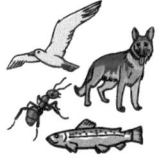

de dieren

ζώα

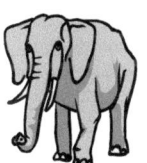

de olifant

ελέφαντας

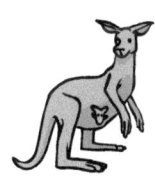

de kangoeroe

καγκουρό

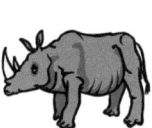

de neushoorn

ρινόκερος

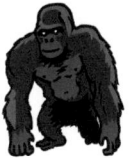

de gorilla

γορίλας

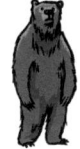

de beer

αρκούδα

de kameel

καμήλα

de struisvogel

στρουθοκάμηλος

de leeuw

λιοντάρι

de aap

πίθηκος

de flamingo

φλαμίνγκο

de papegaai

παπαγάλος

de ijsbeer

πολική αρκούδα

de pinguïn

πιγκουίνος

de haai

καρχαρίας

de pauw

παγώνι

de slang

φίδι

de krokodil

κροκόδειλος

de dierenverzorger

φύλακας ζωολογικού κήπου

de zeehond

φώκια

de jaguar

τζάγκουαρ

de pony

πόνυ

de/het luipaard

λεοπάρδαλη

het nijlpaard

ιπποπόταμος

de giraffe

καμηλοπάρδαλη

de adelaar

αετός

het wild zwijn

αγριογούρουνο

de vis

ψάρι

de schildpad

χελώνα

de walrus

θαλάσσιος ίππος

de vos

αλεπού

de gazelle

γαζέλα

American football
Αμερικάνικο ποδόσφαιρο

wielrennen
ποδηλασία

tennis
αντισφαίριση

basketbal
μπάσκετ

zwemmen
κολύμβηση

boksen
πυγμαχία

ijshockey
χόκεϋ επί πάγου

voetbal
ποδόσφαιρο

badminton
μπάντμιντον

atletiek
στίβος

handbal
χάντμπολ

skiën
σκι

polo
πόλο

# de activiteiten
# δραστηριότητες

lachen
γελάω
springen
πηδάω
knuffelen
αγκαλιάζω
lopen
περπατάω
zingen
τραγουδάω
dromen
ονειρεύομαι
bidden
προσεύχομαι
kussen
φιλάω


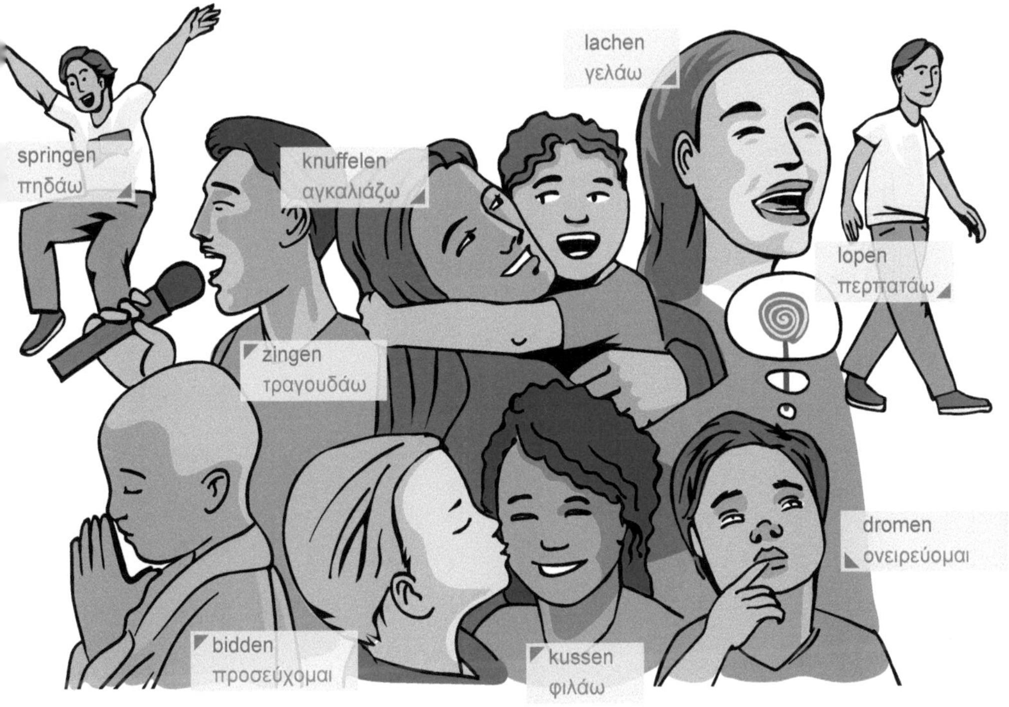

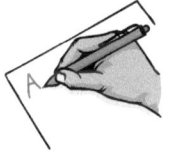

schrijven

γράφω

tekenen

σχεδιάζω

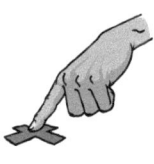

tonen

δείχνω

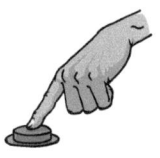

duwen

πιέζω

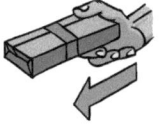

geven

δίνω

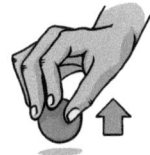

oppakken

παίρνω

hebben

έχω

doen

κάνω

zijn

είμαι

staan

στέκομαι

rennen

τρέχω

trekken

τραβάω

gooien

ρίχνω

vallen

πέφτω

liggen

ξαπλώνω

wachten

περιμένω

dragen

κουβαλώ

zitten

κάθομαι

aankleden

φοράω

slapen

κοιμάμαι

wakker worden

ξυπνάω

de activiteiten - δραστηριότητες

bekijken
κοιτάω

huilen
κλαίω

strelen
χαϊδεύω

kammen
χτενίζω

praten
μιλάω

begrijpen
καταλαβαίνω

vragen
ρωτάω

horen
ακούω

drinken
πίνω

eten
τρώω

opruimen
συγυρίζω

houden van
αγαπάω

koken
μαγειρεύω

rijden
οδηγώ

vliegen
πετάω

zeilen

κάνω ιστιοπλοΐα

rekenen

υπολογίζω

lezen

διαβάζω

leren

μαθαίνω

werken

δουλεύω

trouwen

παντρεύομαι

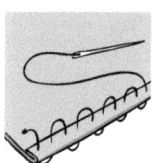

naaien

ράβω

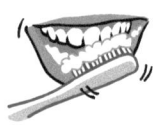

tandenpoetsen

βουρτσίζω τα δόντια

doden

σκοτώνω

roken

καπνίζω

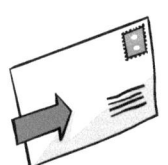

verzenden

στέλνω

# de familie
## οικογένεια

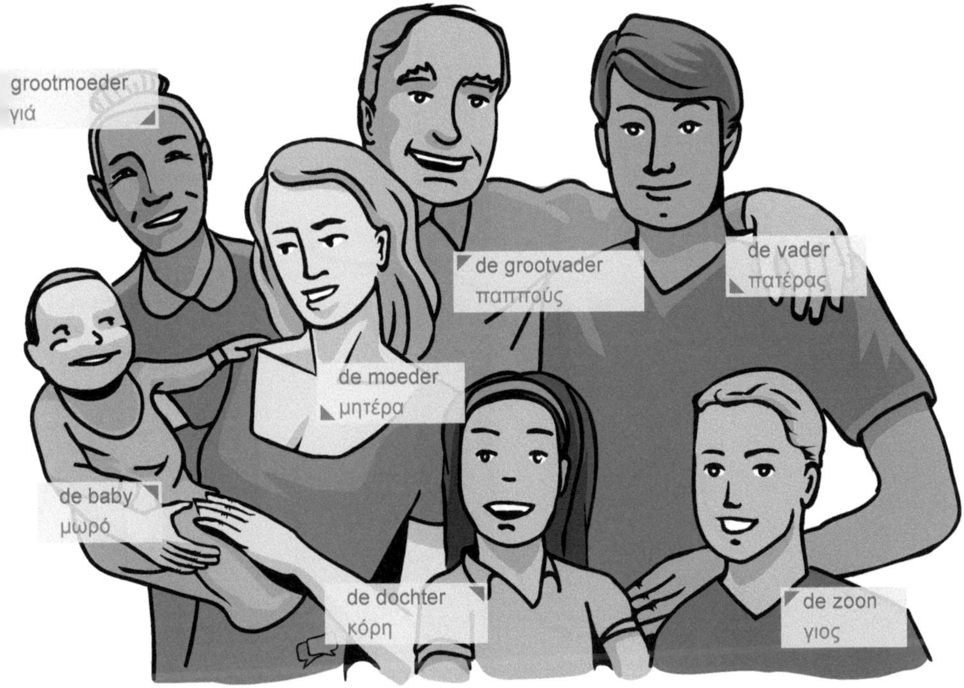
grootmoeder
γιά
de grootvader
παππούς
de vader
πατέρας
de moeder
μητέρα
de baby
μωρό
de dochter
κόρη
de zoon
γιος

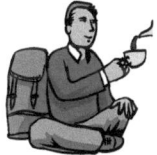

de gast

καλεσμένος

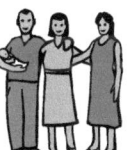

de tante

θεία

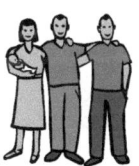

de oom

θείος

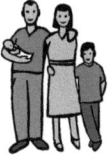

de broer

αδελφός

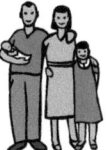

de zus

αδελφή

# het lichaam

## σώμα

het voorhoofd
μέτωπο
het oog
μάτι
de schouder
ώμος
de vinger
δάχτυλο
het gezicht
πρόσωπο
de kin
πιγούνι
de hand
χέρι
het been
πόδι
de borst
στήθος
de arm
βραχίονας


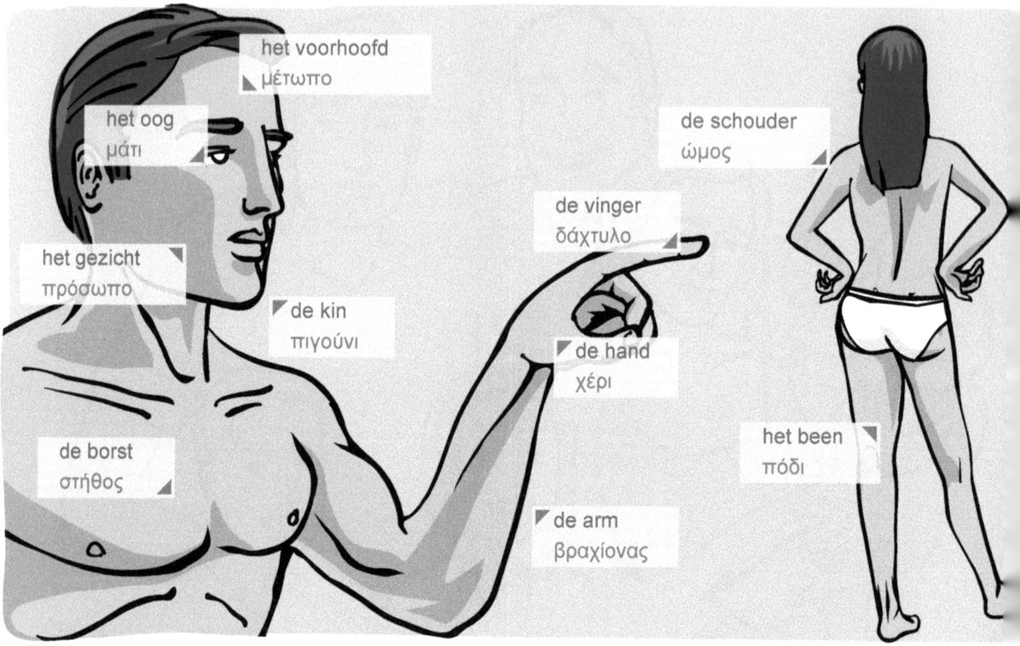

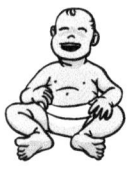

de baby
μωρό

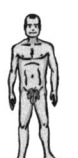

de man
άνδρας

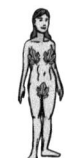

de vrouw
γυναίκα

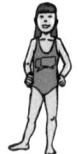

het meisje
κορίτσι

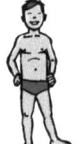

de jongen
αγόρι

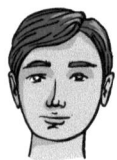

het hoofd
κεφάλι

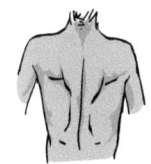

de rug

πλάτη

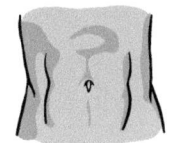

de buik

κοιλιά

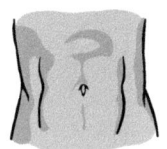

de navel

αφαλός

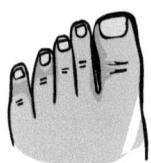

de teen

δάχτυλο ποδιού

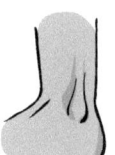

de hiel

φτέρνα

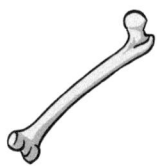

het bot

κόκκαλο

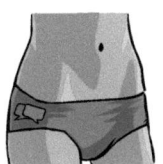

de heup

γοφός

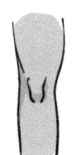

de knie

γόνατο

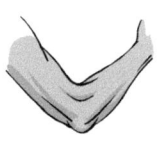

de elleboog

αγκώνας

de neus

μύτη

het achterwerk

γλουτός

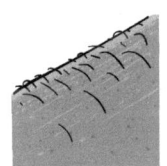

de huid

δέρμα

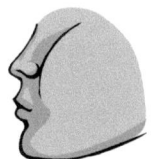

de wang

μάγουλο

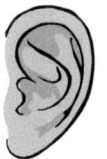

het oor

αυτί

de lippen

χείλος

de mond

στόμα

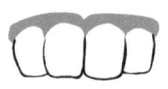

de tand

δόντι

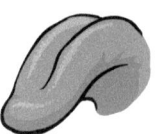

de tong

γλώσσα

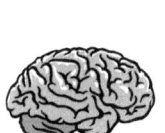

de hersenen

εγκέφαλος

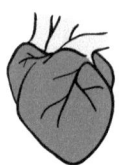

het hart

καρδιά

de spier

μυς

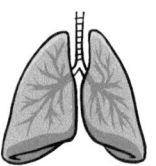

de long

πνεύμονας

de lever

συκώτι

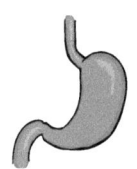

de maag

στομάχι

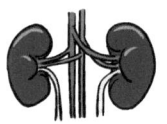

de nieren

νεφρά

de geslachtsgemeenschap

σεξουαλική επαφή

het condoom

προφυλακτικό

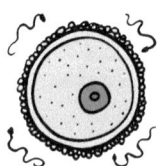

de eicel

ωάριο

het sperma

σπέρμα

de zwangerschap

εγκυμοσύνη

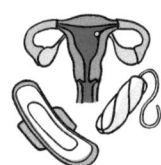

de menstruatie

περίοδος

de vagina

γυναικείος κόλπος

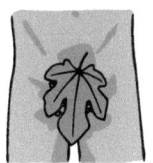

de penis

πέος

de wenkbrauw

φρύδι

het haar

μαλλιά

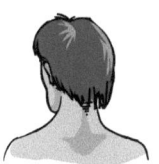

de hals

λαιμός

# het ziekenhuis
# νοσοκομείο

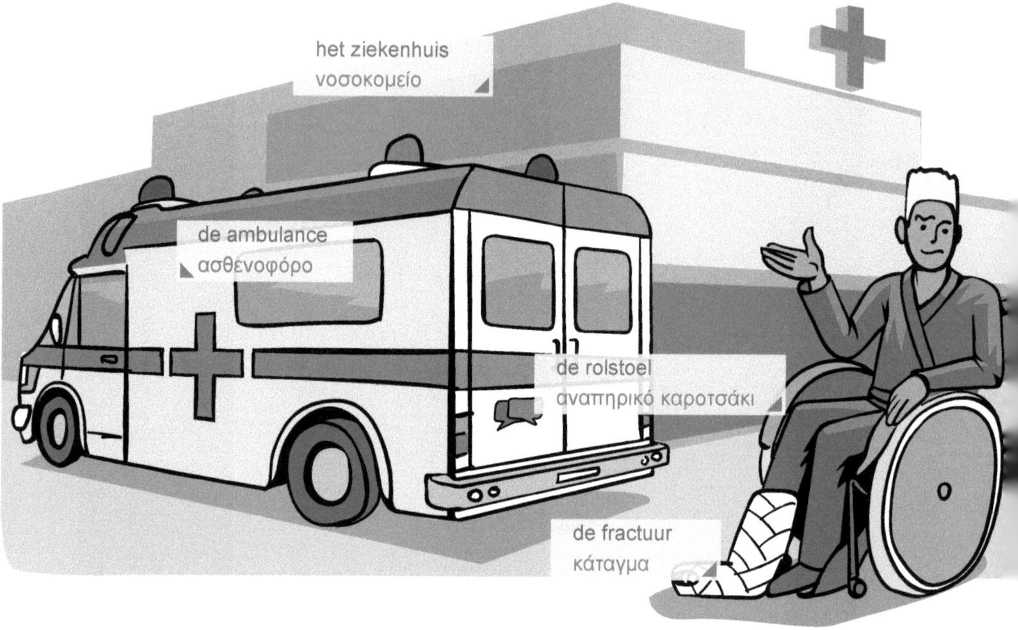

het ziekenhuis
νοσοκομείο
de ambulance
ασθενοφόρο
de rolstoel
αναπηρικό καροτσάκι
de fractuur
κάταγμα

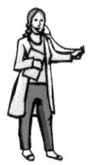

de dokter
γιατρός

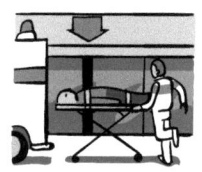

de EHBO
μονάδα εντατικής θεραπείας

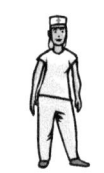

de verpleegster
νοσοκόμα

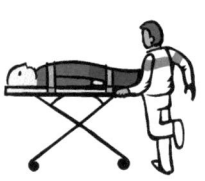

het noodgeval
έκτακτη ανάγκη

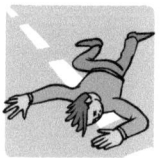

bewusteloos
λιπόθυμος

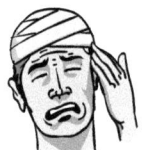

de pijn
πόνος

de verwonding

τραύμα

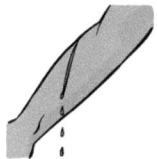

de bloeding

αιμορραγία

de hartaanval

έμφραγμα

de beroerte

εγκεφαλικό

de allergie

αλλεργία

de hoest

βήχας

de koorts

πυρετός

de griep

γρίπη

de diarree

διάρροια

de hoofdpijn

πονοκέφαλος

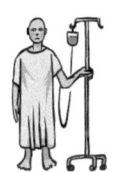

de kanker

καρκίνος

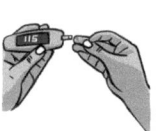

de diabetes

διαβήτης

de chirurg

χειρουργός

het scalpel

νυστέρι

de operatie

εγχείρηση

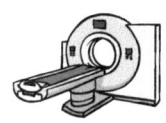

de CT

αξονική τομογραφία

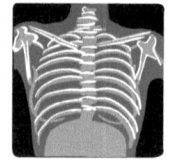

de röntgen

ακτινογραφία

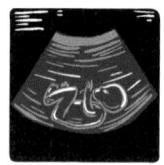

de echografie

υπέρηχος

het gezichtsmasker

μάσκα

de ziekte

ασθένεια

de wachtkamer

αίθουσα αναμονής

de kruk

πατερίτσα

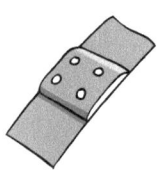

de pleister

χάνσαπλαστ

het verband

επίδεσμος

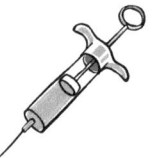

de injectie

ένεση

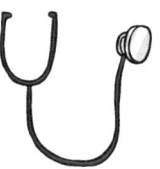

de stethoscoop

στηθοσκόπιο

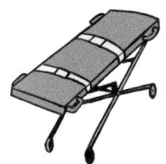

de brancard

φορείο

de thermometer

θερμόμετρο

de geboorte

γέννηση

het overgewicht

υπέρβαρο

het gehoorapparaat

ακουστικό βαρηκοΐας

het ontsmettingsmiddel

αντισηπτικό

de infectie

λοίμωξη

het virus

ιός

(de) HIV / AIDS

HIV/AIDS

het medicijn

φάρμακο

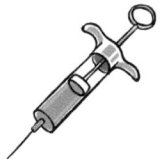

de inenting

εμβολιασμός

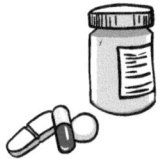

de tabletten

δισκία

de pil

χάπι

het alarmnummer

λήση έκτακτης ανάγκης

de bloeddrukmeter

πιεσόμετρο αίματος

ziek / gezond

άρρωστος / υγιής

Help!

Βοήθεια!

het alarm

συναγερμός

de overval

βιαιοπραγία

de aanval

επίθεση

het gevaar

κίνδυνος

de nooduitgang

έξοδος κινδύνου

Brand!

Φωτιά!

de brandblusser

πυροσβεστήρας

het ongeluk

ατύχημα

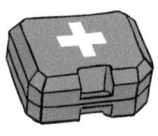

de EHBO-koffer

κουτί πρώτων βοηθειών

SOS

SOS

de politie

αστυνομία

Europa

Ευρώπη

Noord-Amerika

Βόρεια Αμερική

Zuid-Amerika

Νότια Αμερική

Afrika

Αφρική

Azië

Ασία

Australië

Αυστραλία

de Atlantische Oceaan

Ατλαντικός Ωκεανός

de Stille Oceaan

Ειρηνικός Ωκεανός

de Indische Oceaan

Ινδικός Ωκεανός

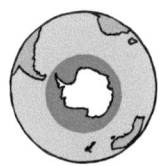

de Zuidelijke Oceaan

Ανταρκτικός Ωκεανός

de Noordelijke IJszee

Αρκτικός Ωκεανός

de Noordpool

Βόρειος Πόλος

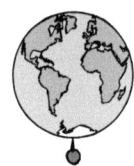

de Zuidpool

Νότιος Πόλος

Antarctica

Ανταρκτική

de aarde

Γη

het land

γη

de zee

θάλασσα

het eiland

νησί

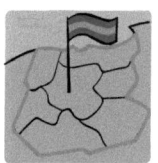

de natie

έθνος

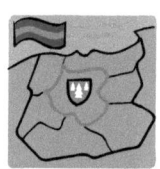

de staat

πολιτεία

de wijzerplaat

καντράν ρολογιού

de uurwijzer

ωροδείκτης

de minutenwijzer

λεπτοδείκτης

de secondewijzer

δείκτης δευτερολέπτων

Hoe laat is het?

Τι ώρα είναι;

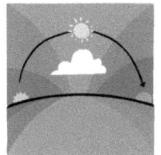

de dag

ημέρα

de tijd

χρόνος

nu

τώρα

het digitaal horloge

ψηφιακό ρολόι

de minuut

λεπτό

het uur

ώρα

# de week
## εβδομάδα

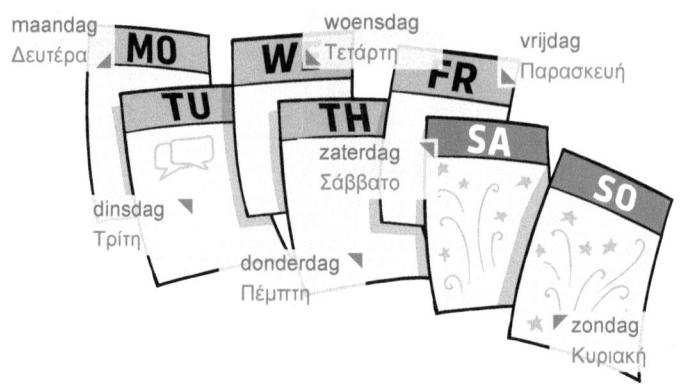

maandag — Δευτέρα
dinsdag — Τρίτη
woensdag — Τετάρτη
donderdag — Πέμπτη
vrijdag — Παρασκευή
zaterdag — Σάββατο
zondag — Κυριακή

gisteren
χθες

vandaag
σήμερα

morgen
αύριο

de ochtend
πρωί

de middag
μεσημέρι

de avond
βράδυ

| MO | TU | WE | TH | FR | SA | SU |
|----|----|----|----|----|----|----|
| 1 | 2 | 3 | 4 | 5 | 6 | 7 |
| 8 | 9 | 10 | 11 | 12 | 13 | 14 |
| 15 | 16 | 17 | 18 | 19 | 20 | 21 |
| 22 | 23 | 24 | 25 | 26 | 27 | 28 |
| 29 | 30 | 31 | 1 | 2 | 3 | 4 |

de werkdagen
εργάσιμες ημέρες

| MO | TU | WE | TH | FR | SA | SU |
|----|----|----|----|----|----|----|
| 1 | 2 | 3 | 4 | 5 | 6 | 7 |
| 8 | 9 | 10 | 11 | 12 | 13 | 14 |
| 15 | 16 | 17 | 18 | 19 | 20 | 21 |
| 22 | 23 | 24 | 25 | 26 | 27 | 28 |
| 29 | 30 | 31 | 1 | 2 | 3 | 4 |

het weekend
Σαββατοκύριακο

# het jaar
## έτος

de regen
βροχή
de regenboog
ουράνιο τόξο
de sneeuw
χιόνι
de wind
άνεμος
het voorjaar
άνοιξη
de zomer
καλοκαίρι
de herfst
φθινόπωρο
de winter
χειμώνας

4.APRIL 11°
5.APRIL 4°
6.APRIL 13°
7.APRIL 8°
8.APRIL 10°

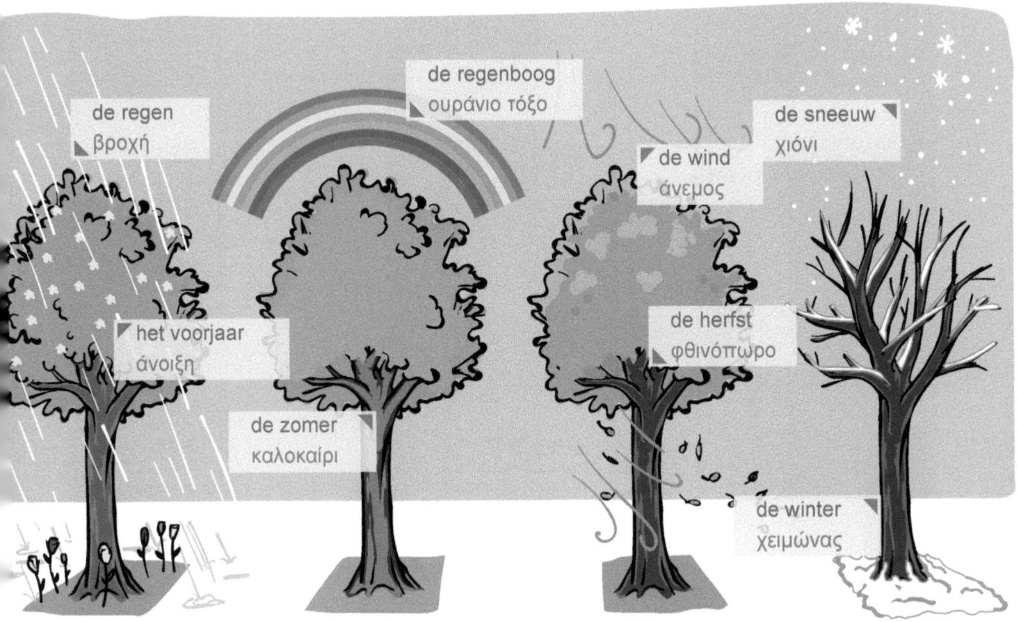

het weerbericht

πρόγνωση καιρού

F C
120 40
90 30
60 20
30 10
0 0
-30 -10
-20

de thermometer

θερμόμετρο

de zonneschijn

λιακάδα

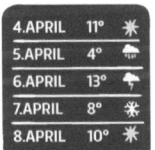

de wolk

σύννεφο

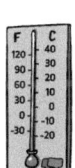

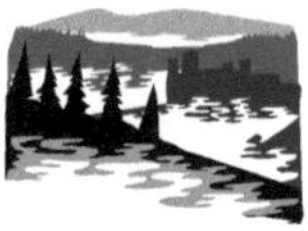

de mist

ομίχλη

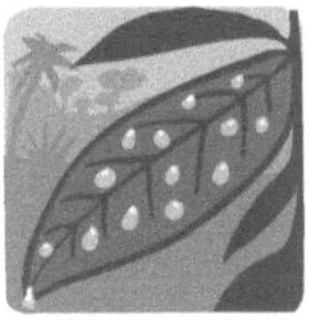

de luchtvochtigheid

υγρασία

de bliksem

αστραπή

de donder

κεραυνός

de storm

καταιγίδα

de hagel

χαλάζι

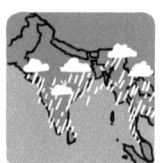

de moesson

μουσώνας

de overstroming

πλημμύρα

het ijs

πάγος

januari

Ιανουάριος

februari

Φεβρουάριος

maart

Μάρτιος

april

Απρίλιος

mei

Μάιος

juni

Ιούνιος

juli

Ιούλιος

augustus

Αύγουστος

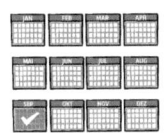

september
Σεπτέμβριος

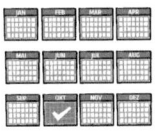

oktober
Οκτώβριος

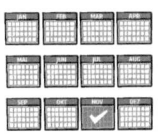

november
Νοέμβριος

december
Δεκέμβριος

## de vormen
## σχήματα

de cirkel
κύκλος

het vierkant
τετράγωνο

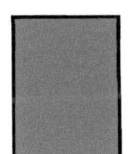

de rechthoek
ορθογώνιο
παραλληλόγραμμο

de driehoek
τρίγωνο

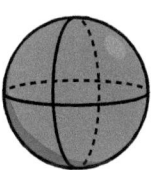

de bol
σφαίρα

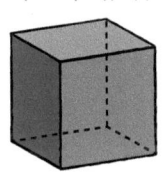

de kubus
κύβος

wit

άσπρο

geel

κίτρινο

oranje

πορτοκαλί

roze

ροζ

rood

κόκκινο

paars

μωβ

blauw

μπλε

groen

πράσινο

bruin

καφέ

grijs

γκρι

zwart

μαύρο

veel / weinig
πολύ / λίγο

boos / rustig
θυμωμένος / ήρεμος

mooi / lelijk
όμορφος / άσχημος

begin / einde
αρχή / τέλος

groot / klein
μεγάλος / μικρός

licht / donker
φωτεινός / σκοτεινός

broer / zus
αδελφός / αδελφή

schoon / vies
καθαρός / λερωμένος

volledig / onvolledig
πλήρης / ατελής

dag/ nacht
ημέρα / νύχτα

dood / levend
νεκρός / ζωντανός

breed / smal
φαρδύς / στενός

eetbaar / oneetbaar

βρώσιμος / μη βρώσιμος

gemeen / aardig

κακός / ευγενικός

opgewonden / verveeld

ενθουσιασμένος /
βαριεστημένος

dik / dun

παχύς / λεπτός

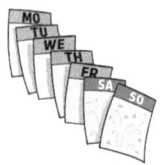

eerste / laatste

πρώτος / τελευταίος

vriend / vijand

φίλος / εχθρός

vol / leeg

γεμάτος / άδειος

hard / zacht

σκληρός / μαλακός

zwaar / licht

βαρύς / ελαφρύς

honger / dorst

πείνα / δίψα

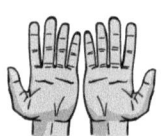

ziek / gezond

άρρωστος / υγιής

illegaal / legaal

παράνομος / νόμιμος

intelligent / dom

έξυπνος / χαζός

links / rechts

αριστερός / δεξιός

dichtbij / ver

κοντινός / μακρινός

nieuw / gebruikt

καινούριος / μεταχειρισμένος

niets / iets

τίποτα / κάτι

oud / jong

γέρος | νέος

aan / uit

αναμμένος / σβηστός

open / gesloten

ανοιχτός / κλειστός

zacht / luid

χαμηλόφωνος / μεγαλόφωνος

rijk / arm

πλούσιος / φτωχός

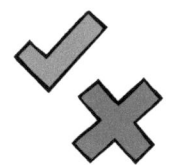

goed / fout

σωστός / λανθασμένος

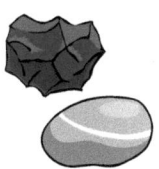

ruw / glad

τραχύς / λείος

verdrietig / gelukkig

υπημένος / χαρούμενος

kort / lang

κοντός / μακρύς

langzaam / snel

αργός / γρήγορος

nat / droog

υγρός / στεγνός

warm / koel

ζεστός / δροσερός

oorlog / vrede

πόλεμος / ειρήνη

| **0** | **1** | **2** |
|:---:|:---:|:---:|
| nul | één | twee |
| μηδέν | ένα | δύο |

| **3** | **4** | **5** |
|:---:|:---:|:---:|
| drie | vier | vijf |
| τρία | τέσσερα | πέντε |

| **6** | **7** | **8** |
|:---:|:---:|:---:|
| zes | zeven | acht |
| έξι | εφτά | οκτώ |

| **9** | **10** | **11** |
|:---:|:---:|:---:|
| negen | tien | elf |
| εννιά | δέκα | έντεκα |

**12**

twaalf
δώδεκα

**13**

dertien
δεκατρία

**14**

veertien
δεκατέσσερα

**15**

vijftien
δεκαπέντε

**16**

zestien
δεκαέξι

**17**

zeventien
δεκαεφτά

**18**

achttien
δεκαοκτώ

**19**

negentien
δεκαεννέα

**20**

twintig
είκοσι

**100**

honderd
εκατό

**1.000**

duizend
χίλια

**1.000.000**

miljoen
εκατομμύριο

Engels

Αγγλικά

Amerikaans Engels

Αμερικάνικα Αγγλικά

Chinees Mandarijn

Μανδαρίνικα Κινέζικα

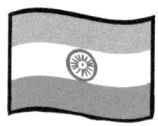

Hindi

Χίντι

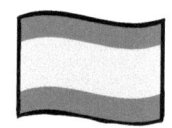

Spaans

Ισπανικά

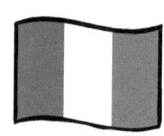

Frans

Γαλλικά

Arabisch

Αραβικά

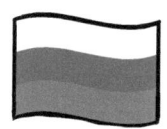

Russisch

Ρώσικα

Portugees

Πορτογαλικά

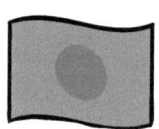

Bengalees

Μπενγκάλι

Duits

Γερμανικά

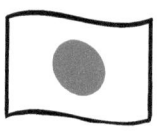

Japans

Ιαπωνικά

ik

εγώ

jij

εσύ

hij / zij / het

αυτός / αυτή / αυτό

wij

εμείς

jullie

εσείς

zij

αυτοί / αυτές / αυτά

wie?

ποιος / ποια / ποιο;

wat?

τι;

hoe?

πώς;

waar?

πού;

wanneer?

πότε;

de naam

όνομα

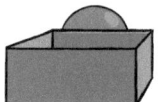

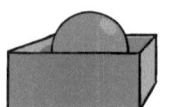

| achter | in | voor |
|--------|------|--------|
| πίσω | μέσα | μπροστά |

| boven | op | onder |
|-------------|------|--------|
| πάνω από | πάνω | κάτω |

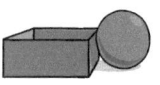

| naast | tussen | plaats |
|-------|----------|--------|
| δίπλα | ανάμεσα | μέρος |